RECHERCHES

SUR LES

SURFACES DU SECOND ORDRE

PAR

L'ABBÉ AOUST

PROFESSEUR DE MATHÉMATIQUES PURES ET APPLIQUÉES,
A LA FACULTÉ DES SCIENCES DE MARSEILLE.

DEUXIÈME PARTIE.

PARIS.
GAUTHIER-VILLARS,
IMPRIMEUR-LIBRAIRE
DU BUREAU DES LONGITUDES, DE L'ÉCOLE IMPÉRIALE POLYTECHNIQUE,
QUAI DES AUGUSTINS, 55.

1867.

Marseille.—Typ. et Lith. Barlatier-Feissat et Demonchy, rue Venture, 49.

CHAPITRE III.

DES SPHÈRES COUPANT LES SURFACES DU SECOND ORDRE.

Introduction. — Nous nous proposons d'étudier les surfaces du second degré qui ont une même intersection. Ces surfaces forment une famille qui possède des propriétés remarquables. Notre théorie repose sur un théorème d'une haute généralité, analogue à celui de M. Poncelet sur l'existence de quatre cônes du second degré passant par l'intersection de deux surfaces du second degré. Ce dernier théorème n'est qu'un cas tout particulier du nôtre qui, à cause d'un certain paramètre variable pouvant prendre toutes les valeurs possibles, donne naissance, pour chaque valeur de ce paramètre, à un système de quatre surfaces du second degré, passant par l'intersection des deux surfaces de ce même degré, la valeur nulle de ce paramètre donnant le système des quatre surfaces coniques.

Nous exposons avec soin les principales propriétés de la ligne d'intersection commune de deux surfaces du second degré, propriétés descriptives et propriétés métriques, y joignant une construction de la tangente et du rayon de courbure.

Les centres des surfaces du second degré, passant par cette ligne d'intersection, assujetties à certaines conditions, sont distribués sur d'autres surfaces du second degré, qui sont liées entre elles par des relations simples ; quelques pages sont consacrées à l'étude de ces secondes surfaces, et de leurs relations.

En introduisant dans nos recherches, un élément nouveau que nous appelons *puissance d'un point par rapport à une surface,* nous donnons une interprétation facile et intuitive de notre analyse ; les conséquences qui découlent de cette notion sont nombreuses et forment un ensemble géométrique, nous allions dire, une théorie que nous croyons tout-à-fait neuve.

Nous terminons par l'étude des propriétés relatives aux plans tangents et aux rayons de courbure de ces surfaces. Les constructions qui en résultent n'exigent que la règle, et établissent des liens nombreux entre ces diverses surfaces.

Le but du géomètre est de démontrer avec facilité les propriétés de l'étendue qui sont déjà connues, de découvrir celles qui sont restées cachées, mais surtout, de les enchaîner les unes aux autres par des liens naturels, d'établir leur parenté ; malgré la dissemblance des formes ; puissions-nous nous être rapproché de ce but élevé !

51. *Équation de l'ellipsoïde rapporté à une sphère sécante.* — Soit l'équation de l'ellipsoïde rapporté à ses trois demi-axes $a, b, c, a > b > c$,

$$(1) \qquad \frac{x^2}{a^2} + \frac{y^2}{b^2} + \frac{z^2}{c^2} = 1.$$

Représentons par $\alpha', \beta', \gamma', r$ les coordonnées du centre, et le rayon de la sphère sécante, par α, β, γ les coordonnées du centre du cône dont les axes sont parallèles à ceux de l'ellipsoïde, l'équation de l'ellipsoïde ne pourra devenir identique avec la suivante

$$(2) \quad \begin{aligned}(x-\alpha')^2 + (y-\beta')^2 + (z-\gamma')^2 - r^2 \\ = l^2(x-\alpha)^2 + m^2(y-\beta)^2 + n^2(z-\gamma)^2;\end{aligned}$$

dans laquelle l, m, n sont des constantes, que sous les conditions suivantes :

$$(5) \quad \left\{ \alpha' = l^2\alpha \;,\; \beta' = m^2\beta \;,\; \gamma' = n^2\gamma \right\}$$

$$(3) \quad \left\{ \begin{aligned} \alpha'^2\left(1-\frac{1}{l^2}\right) + \beta'^2\left(1-\frac{1}{m^2}\right) + \gamma'^2\left(1-\frac{1}{n^2}\right) - r^2 \\ = a^2(l^2-1) = b^2(m^2-1) = c^2(n^2-1) = -\mu^2 \end{aligned} \right\}$$

μ^2 étant une auxiliaire introduite pour la facilité et la symétrie du calcul. Or, si l'on avait écrit dans le second membre de l'équation (2) les doubles produits des binomes $x-\alpha$, $y-\beta$, $z-\gamma$, on aurait été conduit par l'identification de l'équation (2) avec l'équation (1) à annuler les coefficients de ces doubles produits, de là on conclut qu'une sphère quelconque

(4) $\qquad (x-\alpha')^2 + (y-\beta')^2 + (z-\gamma')^2 - r^2 = o$,

coupe toujours l'ellipsoïde suivant une courbe à double courbure qui est située sur un cône du second degré, dont les axes sont parallèles aux axes de l'ellipsoïde.

L'équation de ce cône est :

(6) $\qquad l^2(x-\alpha)^2 + m^2(y-\beta)^2 + n^2(z-\gamma)^2 = o$.

De même si l'on ajoute au second nombre de l'équation (2) un terme constant k^2, ainsi que les doubles produits des binomes $x-\alpha$, $y-\beta$, $z-\gamma$ multipliés chacun par un facteur constant et qu'on identifie cette équation avec l'équation (1), les coefficients des doubles produits s'annuleront; de là on conclut qu'une sphère quelconque (4) coupe l'ellipsoïde suivant une courbe à double courbure qui peut être située sur une infinité de surfaces du second degré. Mais ces surfaces ont pour caractère commun que leurs axes sont parallèles aux axes de l'ellipsoïde proposé.

Il n'est pas moins facile de voir que le lieu des centres des surfaces du second ordre qui passent par cette intersection, est une courbe donnée par l'intersection de deux cylindres hyperboliques.

52. *Nombre de cônes passant par l'intersection.* — La première des équations (3), quand on a égard aux deux autres, peut s'écrire sous la forme,

(3)' $\qquad \dfrac{\alpha'^2}{\mu^2-a^2} + \dfrac{\beta'^2}{\mu^2-b^2} + \dfrac{\gamma'^2}{\mu^2-c^2} + \dfrac{r^2}{\mu^2} + 1 = o$.

Si les coordonnées du centre, et le rayon de la sphère sont donnés, l'équation précédente fera connaître μ^2. Cette équation, qui est du quatrième degré par rapport à μ^2, a toutes ses racines réelles. En effet si l'on fait varier μ^2 depuis $-\infty$ jusqu'à $+\infty$, le premier membre de l'équation passera quatre fois par zéro. Soit i une quantité infiniment petite, lorsque μ^2 variant, d'une manière continue, prend toutes les valeurs comprises dans les cinq intervalles :

$$-\infty, i; +i, c^2-i; c^2+i, b^2-i; b^2+i, a^2-i; a^2+i, +\infty$$

le premier membre de l'équation varie d'une manière continue et prend toutes les valeurs comprises entre les cinq intervalles correspondants :

$$+1-\infty; +\infty, -\infty; +\infty, -\infty; +\infty, -\infty; +\infty +1$$

le premier membre de l'équation passe donc une fois par zéro à chacun des cinq intervalles précédents, si l'on en excepte le dernier. L'équation précédente a donc ses quatre racines en μ^2 réelles.

Si nous remarquons que les valeurs de l^2, m^2, n^2 sont exprimées linéairement en fonction de μ^2 au moyen des équations (3), à chacune des 4 valeurs de μ^2, ne correspond qu'une seule valeur de l^2, m^2, n^2.

Donc par l'intersection d'une sphère quelconque avec l'ellipsoïde passent quatre cônes du second degré, dont les sommets sont toujours réels. Ce théorème remarquable est dû à M. Poncelet qui l'a démontré géométriquement ; mais notre analyse montre de plus que chacun de ces quatre cônes a ses axes parallèles aux axes de l'ellipsoïde, ce qui veut dire que les axes des six surfaces : les quatre cônes, l'ellipsoïde, la sphère sécante, passent, six par six, par trois points situés à l'infini.

53. *Propriétés des quatre cônes.* Un tétraèdre conjugué à une surface est celui dont chaque sommet a pour plan polaire, par rapport à cette surface, la face opposée. D'après cela, il est facile de déduire de ce qui précède le théorème suivant :

Par la ligne d'intersection de deux surfaces du second degré passent quatre cônes du même degré dont les sommets sont réels, et ces six surfaces sont telles qu'il existe une combinaison de six tétraèdres conjugués, chacun à chacune des six surfaces, et ayant trois sommets communs.

En effet, dans l'une de ces deux surfaces, menons une sphère passant par deux sections circulaires anti-parallèles, et prenons la figure homologique de la figure en question, de telle sorte que l'homologique de la surface soit la sphère ; l'homologique de l'autre surface sera une nouvelle surface du second degré. Mais, d'après ce que nous venons d'établir, par la ligne d'intersection de ces deux surfaces passent quatre cônes dont les sommets sont réels, et dont les axes sont parallèles aux axes de la surface du second degré, or, les homologiques des cônes du second degré sont des cônes du même degré ; donc par l'intersection des deux surfaces du second degré de la figure non transformée, passaient quatre surfaces coniques du second degré dont les sommets étaient réels. Si, de plus, l'on remarque que le plan de l'infini est le polaire du centre d'une surface, que tout plan diamétral principal est le plan polaire du point où l'axe perpendiculaire au plan diamétral rencontre le plan de l'infini, et qu'enfin si un plan est le polaire d'un point, l'homologique du plan reste le plan polaire de l'homologique du point, on en conclut immédiatement que, dans la figure non transformée, les deux surfaces du second degré, et les quatre cônes qui passent par leur intersection, sont tels qu'il existe une combinaison de six tétraèdres conjugués chacun à chacune des six surfaces, ayant entr'eux trois sommets communs.

54. *Propriété des quatre sommets de surfaces coniques.* — Revenons à la proposition énoncée à la fin du n° 52. Il est aisé de voir sur nos équations que le sommet de l'un des quatre cônes a un même plan polaire par rapport à l'ellipsoïde et à la sphère sécante. En effet, si l'on porte les valeurs de l^2, m^2, n^2 tirées des équations (5) dans les équations (3), ont obtient trois relations qui ne sont autre chose que les conditions

nécessaires et suffisantes pour que les deux plans polaires se confondent en un seul ; de là on conclut qu'il n'y a que quatre points qui ont même plan polaire par rapport à l'ellipsoïde et à la sphère sécante, et que ces quatre points ne sont autre chose que les sommets des quatres cônes que nous venons de trouver.

Considérons ces quatre points et les quatre plans polaires correspondants par rapport à l'ellipsoïde et la sphère sécante, ces quatre plans forment un tétraèdre dont chaque sommet est le pôle de la face opposé, donc les quatre sommets des cônes ne sont autres que les sommets du tétraèdre dont nous venons de parler.

Donc le plan polaire du sommet de l'un des quatre cônes contient les sommets des trois autres cônes.

Il est aisé de voir que les quatre cônes que nous avons considérés dans le n° 53, jouissent des mêmes propriétés.

55. *Nombre des surfaces du second degré passant par l'intersection.* — Quoique l'équation (2) paraisse avoir une forme restreinte, elle n'est soumise à aucune restriction, elle conduit à un théorème d'une haute généralité sur l'existence d'une infinité de systèmes, composés chacun de quatre surfaces du second degré passant par l'intersection de l'ellipsoïde (1) et de la sphère (4).

En effet, si l'on retranche du second membre de l'équation (2) le produit $k^2 r^2$ du carré du rayon par un rapport quelconque k^2 positif ou négatif, et qu'on opère l'identification de cette nouvelle équation avec l'équation (1) ; on trouvera le même résultat que si l'on avait remplacé dans l'équation (2) r^2 par $r^2(1-k^2)$, donc toutes les équations de conditions résultantes existeront après cette substitution ; or, retrancher $k^2 r^2$ du second membre de l'équation (2) et puis identifier avec l'équation (1) c'est faire passer par l'intersection de l'ellipsoïde (1) et de la sphère (4) toutes les surfaces du second ordre possibles, lesquelles sont représentées par l'équation

$$(7) \quad \frac{l^2}{r^2 k^2}(x-\alpha)^2 + \frac{n^2}{r^2 k^2}(y-\beta)^2 + \frac{m^2}{r^2 k^2}(z-\gamma)^2 - 1 = 0.$$

Donc, les centres de ces surfaces sont les sommets des cônes qui passent par l'intersection de l'ellipsoïde (1) et de la sphère concentrique à la sphère (4), et ayant pour rayon $r\sqrt{1-k^2}$. Si le rayon de cette sphère auxiliaire est réel, ce qui exige que k^2 soit algébriquement plus petit que un, les quatre surfaces auront leurs centres réels; si le rayon de la sphère auxiliaire est imaginaire, c'est-à-dire si k^2 est plus grand que un, deux au moins de ces surfaces ont leur centre réel.

Donc, généralement, il y a une infinité de systèmes composés chacun de quatre surfaces du second degré passant par l'intersection de l'ellipsoïde et de la sphère, et les centres de ces surfaces sont, pour chaque système, les sommets d'un tétraèdre conjugué à la fois à l'ellipsoïde proposé et à la sphère auxiliaire dont le rayon est $r\sqrt{1-k^2}$. Dans chaque système, les quatre surfaces, ou au moins deux, ont leur centre réel, suivant que le rayon de la sphère auxiliaire est réel ou imaginaire, et elles ont leurs axes parallèles à ceux de l'ellipsoïde.

Il est bon de remarquer que l'équation (2) modifiée par l'addition faite au second membre du terme $-k^2r^2$, est la somme de l'équation (4) divisée par r^2, et de l'équation (7) multipliée par k^2; de là résulte que le rapport k^2 n'est autre que le rapport spécifique de l'ellipsoïde proposée (1) relativement à la sphère (4) et à la surface du second degré (7); à chaque valeur de ce rapport correspondent quatre surfaces complètement déterminées; lorsque l'on donne à ce rapport la valeur zéro, l'on trouve un système de quatre cônes à sommets réels, c'est-à-dire le théorème de M. Poncelet. Ce théorème n'est donc qu'un cas particulier du théorème suivant :

Par l'intersection de deux surfaces du second degré passent une infinité de systèmes de quatre surfaces du même degré telles que, pour chaque système, le rapport spécifique de l'une des deux surfaces données par rapport à l'autre, et à l'une quelconque des quatre du système, reste constant. Ces différents systèmes de quatre surfaces forment deux séries; dans la première série, les quatre surfaces d'un système, dans la seconde, deux au moins des quatre surfaces d'un système ont leur centre réel. Toutes les surfaces de ces différents systèmes sont liées entre elles et avec les deux proposées par ce caractère, qu'il existe une combinaison de six tétraèdres conjugués, chacun, à chacune des surfaces, ayant entre eux trois sommets communs.

56. *Des surfaces lieux des centres des sphères d'un rayon donné, coupant l'ellipsoïde suivant une ligne située sur un cône de forme donnée.* — Le nombre des indéterminées que renferme l'équation (2) est égal à onze, or, le nombre des relations entre ces indéterminées qu'entraîne l'identification de cette équation avec l'équation (1) est égal à sept, il y a donc quatre de ces indéterminées qui sont indépendantes. Choisissons pour indéterminées indépendantes, le paramètre auxiliaire μ^2, le rayon r de la sphère et deux des coordonnées α', β' du centre. Lorsqu'on aura donné à μ^2 une valeur particulière, les trois paramètres l^2, m^2, n^2 de la surface conique seront déterminés en vertu des deux dernières équations (3). La surface conique sera par cela seul déterminée quant à sa forme et quant à la direction de ses axes, et il ne restera à déterminer que les coordonnées de son centre. Si, de plus, l'on veut que le rayon de la sphère sécante ait une longueur donnée, l'on voit que les centres de ces sphères ne seront plus indéterminés, mais qu'ils seront assujettis à se trouver sur une surface du second ordre représentée par l'équation (3).

Si, en conservant toujours la même valeur de μ^2, on suppose que le rayon de la sphère sécante prenne toutes les valeurs possibles ; à chacune de ces valeurs correspondra une surface du second degré sur laquelle se trouveront situés les centres des sphères sécantes ayant cette valeur pour rayon, or, toutes ces surfaces du second degré auront un double caractère commun ; le premier, que leurs axes seront parallèles à ceux de l'ellipsoïde proposé ; le second, que le rapport des excentricités des deux sections principales aux excentricités des deux sections correspondantes de l'ellipsoïde seront dans un rapport constant.

En effet, soient A', B', C', les axes de l'une quelconque de ces surfaces; posons pour abréger,

(8) $\quad A'^2-B'^2 = E'^2, \quad B'^2-C'^2 = F'^2, \quad C'^2-A'^2 = G'^2,$
$\quad\quad a^2-b^2 = e^2, \quad b^2-c^2 = f^2, \quad c^2-a^2 = g^2,$

Les axes seront donnés par les équations :

(9) $\quad \dfrac{r^2}{\mu^2} + 1 = \dfrac{A'^2}{a^2-\mu^2} = \dfrac{B'^2}{b^2-\mu^2} = \dfrac{C'^2}{c^2-\mu^2};$

or, si l'on élimine r entre ces relations l'on trouve :

(10) $\quad \dfrac{E'^2}{e^2} \cdot \dfrac{a^2}{A'^2} = \dfrac{G'^2}{g^2} \cdot \dfrac{a^2}{A'^2} = \dfrac{a^2}{a^2-\mu^2},$
$\quad\quad \dfrac{F'^2}{f^2} \cdot \dfrac{b^2}{B'^2} = \dfrac{E'^2}{e^2} \cdot \dfrac{b^2}{B'^2} = \dfrac{b^2}{b^2-\mu^2},$
$\quad\quad \dfrac{G'^2}{g^2} \cdot \dfrac{c^2}{C'^2} = \dfrac{F'^2}{f^2} \cdot \dfrac{c^2}{C'^2} = \dfrac{c^2}{c^2-\mu^2},$

ce qui démontre la propriété énoncée.

Si, en conservant toujours la même valeur de r^2, on suppose que le paramètre μ^2 prenne toutes les valeurs possibles; à chacune de ces valeurs correspondra une surface du second ordre, lieu des sphères sécantes de rayon constant, toutes ces surfaces, dont les axes sont parallèles à ceux de l'ellipsoïde, sont telles que le produit de la différence des carrés des distances focales d'une section principale d'une de ces surfaces et de la section correspondante de l'ellipsoïde par la différence des carrés des inverses des excentricités des mêmes sections, restera constante.

En effet, si l'on élimine μ^2 entre les équations (9), on aura deux des six équations suivantes :

(11) $\quad -r^2 = (E'^2-e^2)\left\{\dfrac{A'^2}{E'^2} - \dfrac{a^2}{e^2}\right\} = (G'^2-g^2)\left\{\dfrac{A'^2}{G'^2} - \dfrac{a^2}{g^2}\right\},$
$\quad\quad -r^2 = (F'^2-f^2)\left\{\dfrac{B'^2}{F'^2} - \dfrac{b^2}{f^2}\right\} = (E'^2-e^2)\left\{\dfrac{B'^2}{E'^2} - \dfrac{b^2}{e^2}\right\},$
$\quad\quad -r^2 = (G'^2-g^2)\left\{\dfrac{C'^2}{G'^2} - \dfrac{c^2}{g^2}\right\} = (F'^2-f^2)\left\{\dfrac{C'^2}{F'^2} - \dfrac{c^2}{f^2}\right\},$

57. *Classification des surfaces lieux des centres des sphères sécantes.* — Il résulte de ce qui précède que les surfaces lieux des centres des sphères sécantes, dépendant de deux paramètres variables μ^2 et r^2, peuvent être classées suivant deux ordres de séries. Dans le premier ordre de classement, à chaque valeurs de μ^2, on fera correspondre toutes les valeurs possibles de r^2. Dans le second ordre de classement, à chaque valeur de r^2, on fera correspondre toutes les valeurs possibles de μ^2. Si l'on forme un tableau à double entrée, en écrivant sur une ligne horizontale les valeurs successives de μ, telles que μ_0, μ_1, μ_2 et sur une ligne verticale r_0, r_1, r_2, etc., et que l'on représente par $S'(\mu_k, r_k)$ la surface correspondant aux paramètres μ_k et $r_{k'}$, ce tableau donnera les indices de toutes les surfaces possibles, lieux des centres des sphères sécantes. Or, ce que nous avons établi dans le numéro précédent donne les propriétés des deux sortes de séries de ces surfaces, les premières, relatives à une série quelconque, dont les indices se trouvent sur une même ligne horizontale du tableau, et les secondes relatives à une série quelconque dont les indices se trouvent situés sur une même ligne verticale. Les surfaces de même série de l'une ou de l'autre espèce sont assujetties à deux conditions, exprimées par les équations (10) dans le premier cas, ou par les équations (11) dans le second.

Il est aisé de voir que toutes les surfaces dont il s'agit, comparées entr'elles sans distinction de séries, possèdent un caractère commun qui se déduira de l'élimination de μ^2 entre les deux premières équations (10), ou de l'élimination de r^2 entre deux quelconques des équations (11); et ce caractère commun est que les distances focales des trois sections principales sont proportionnelles aux distances focales des sections correspondantes de l'ellipsoïde proposé

$$\frac{E'}{e} = \frac{F'}{f} = \frac{G'}{g}.$$

Ce caractère est unique, car la seconde équation est une conséquence de la première.

58. *Des surfaces lieux des centres des surfaces coniques de forme donnée.* — Si l'on porte dans les équations (3) les valeurs de α', β', γ' en fonction de α, β, γ, tirées des équations (5) et des deux dernières équations (3), l'on aura, pour un système de valeurs de μ et de r, une équation du second degré en α, β, γ, représentant une surface du second degré par rapport à ces coordonnées, et si l'on représente par A, B, C les demi axes de cette surface, cette équation sera :

$$\frac{\alpha^2}{A^2} + \frac{\beta^2}{B^2} + \frac{\gamma^2}{C^2} = 1,$$

dans laquelle les valeurs de A, B, C sont données par les relations.

$$\frac{A^2 A'^2}{a^4} = \frac{B^2 B'^2}{b^4} = \frac{C^2 C'^2}{c^4} = \left(\frac{r^2}{\mu^2} + 1\right)^2;$$

on conclut de là, qu'en même temps que le centre d'une sphère sécante de rayon constant parcourra une surface du second degré S' ayant des axes parallèles à ceux de l'ellipsoïde, et les distances focales de ses sections principales, proportionnelles aux distances focales des sections principales correspondantes de l'ellipsoïde, les intersections de cette sphère et de l'ellipsoïde se trouveront sur un cône du second degré, constant de forme mais non de position. Ce cône aura les axes parallèles à ceux de l'ellipsoïde, et son centre se mouvra sur une surface du second degré S. Cette dernière surface sera telle que ses axes seront parallèles aux axes de la surface S' lieu des centres des sphères sécantes, et les rectangles des axes correspondants de ces deux surfaces seront dans un rapport constant avec les carrés des axes correspondants de l'ellipsoïde.

Les surfaces (S) lieux des centres des surfaces coniques de forme donnée, et correspondant à une sphère de rayon donné forment, comme les surfaces S' considérées dans le numéro précédent, un tableau à double entrée, analogue à celui que nous venons de considérer.

59. *Propriétés des surfaces* (S') *appartenant à la même série verticale ou à une même série horizontale.* — Si l'on considère les différentes surfaces S' d'une même série verticale, c'est-à-dire telles que leurs axes soient parallèles à ceux de l'ellipsoïde, et que, pour chacune, le rapport des excentricités de la plus grande et de la moyenne section aux excentricités des sections correspondantes de l'ellipsoïde, soit constant, il existera, pour chacune d'elles, une sphère facile à déterminer (6) telle que, si son centre parcourt cette surface, les intersections de cette sphère avec l'ellipsoïde se trouveront sur un cône, et ce cône sera invariable de forme, mais non de position, pour toutes les surfaces de la série.

Considérons maintenant les différentes surfaces S' d'une même série horizontale; l'équation (3)' prouve qu'à chaque sphère déterminée de grandeur et de position, c'est-à-dire dont le centre a pour coordonnées α', β', γ' et pour rayon r, correspondent quatre valeurs de μ^2; or, le rayon r et chacune des quatre valeurs de μ^2 déterminent quatre surfaces S' lieux des centres des sphères de rayon r, appartenant à une série horizontale; donc, ces quatre surfaces passent par un même point. Donc généralement une surface quelconque S', lieu des centres des sphères de rayon r, est coupée en chacun de ses points par trois surfaces de la même série horizontale.

60. *Des figures correspondantes.* — Le paramètre μ^2 ne changeant pas pour les sphères d'une même série verticale, l^2, m^2, n^2, resteront invariables dans cette série, donc les équations (5) montrent que les distances du centre de l'ellipsoïde au centre d'une sphère quelconque de cette série et au centre du cône correspondant, se projettent sur l'un des axes de l'ellipsoïde suivant des longueurs qui sont dans un rapport constant pour chaque axe.

Soit un point donné M', il est le centre d'une sphère appartenant à une série verticale déterminée, c'est-à-dire ayant pour argument une certaine valeur de μ^2, donc il correspondra au sommet M d'un cône aussi déterminé; mais on peut aussi considérer le point M' comme le centre d'une infinité de sphères, appartenant chacune à une série verticale différente. Donc il correspondra à une infinité de sommets de cônes déterminés par les divers arguments de ces séries. Pour connaître le lieu de tous ces sommets, il n'y a qu'à exprimer dans les équations (5) les paramètres l^2, m^2, n^2 en fonction de μ^2, au moyen des équations (3), et ensuite à éliminer μ^2 entre ces équations; on obtient ainsi les équations

$$(12) \quad \begin{aligned} a^2\alpha'\beta - b^2\beta'\alpha &= e^2\alpha\beta, \\ b^2\beta'\gamma - c^2\gamma'\alpha &= f^2\beta\gamma, \\ c^2\gamma'\alpha - a^2\alpha'\gamma &= g^2\gamma\alpha, \end{aligned}$$

qui sont les équations de trois cylindres hyperboliques.

On déduira de ce qui précède les deux théorèmes suivants :

1° Les quatre cônes correspondant à une sphère donnée de grandeur et de position ont leurs sommets situés sur la courbe d'intersection commune des trois cylindres hyperboliques dont les génératrices sont parallèles aux axes de l'ellipsoïde.

2° Si l'on considère une suite de sphères concentriques, les quatre cônes correspondant à chacune des sphères de cette suite ont leurs sommets situés sur cette même courbe.

D'après ce que nous venons de voir, au point M' correspondent dans les différentes séries verticales, une suite de points déterminés, chacun, par une valeur particulière de μ^2. Cette suite de points forme une courbe à double courbure, donnée par les équations (12). Soit C cette courbe, nous l'appellerons courbe correspondante du point M', or, il est facile de voir que, lorsque le point M' se déplacera de manière à parcourir une ligne donnée, la courbe C se déplacera elle même de manière à parcourir une surface. Pour l'obtenir, si l'on représente par $\alpha' = \varphi(\gamma')$, $\beta' = \psi(\gamma')$ la courbe décrite par M', il suffira d'éliminer α', β', γ' entre ces deux équations et deux des équations (12); le résultat qui ne dépendra que des coordonnées α, β, γ, sera l'équation de la surface,

D'après cela, on reconnaîtra que lorsque le point M' parcourra une ligne droite, la courbe C engendrera une hyperboloïde rectiligne et que, si cette droite passe par le centre de l'ellipsoïde (1), la courbe C engendrera un cône du second degré.

Soit maintenant un point M, il est le sommet d'un cône appartenant à une série verticale déterminée des surfaces S, donc il correspond à un centre M' d'une sphère déterminée, mais on peut considérer le point M comme le sommet d'une infinité de cônes appartenant chacun à une série verticale différente, donc il correspond aux centres d'une infinité de sphères déterminées. Pour obtenir le lieu de tous ces centres, il n'y a qu'à éliminer μ^2, l^2, m^2, n^2 entre les équations (5) et (3), ce qui donne les équations (12). On voit donc que les centres de toutes ces sphères sont une ligne droite.

Cette ligne droite L' correspond au point M. Si maintenant le point M parcourt une ligne donnée l'on voit que la surface réglée engendrée par L', correspondra à cette ligne donnée. Dans le cas où la ligne parcourue par le point M est une ligne droite, la surface réglée engendrée par la ligne droite L' est une hyperboloïde à une nappe.

61. *Intersection de la sphère et de l'ellipsoïde.* — Posons $x-\alpha = \rho \cos \theta$, $y-\beta = \rho \sin \theta$, $z-\gamma = \rho \tang \psi$.

L'équation du cône deviendra :

$$n^2 \tang^2 \psi + l^2 \cos^2 \theta + m^2 \sin^2 \theta = 0,$$

Or, si l'on pose $\alpha'-\alpha = \alpha_0$, $\beta'-\beta = \beta_0$, $\gamma'-\gamma = \gamma_0$, l'on obtiendra :

$$x-\alpha' = \rho \cos \theta - \alpha_0,$$
$$y-\beta' = \rho \sin \theta - \beta_0,$$
$$z-\gamma' = \rho \tang \psi - \gamma_0;$$

d'après cela, l'équation de la sphère sera

$$(1 + \tang^2 \psi) \rho^2 - 2 (\alpha_0 \cos \theta + \beta_0 \sin \theta + \gamma_0 \tang \psi) \rho + R_0^2 - r^2 = 0,$$

R_0 représentant la distance du centre de la sphère au centre du cône. Si l'on élimine ψ entre les deux équations, on aura en coordonnées polaires l'équation de la projection de la courbe d'intersection sur le plan des xy :

$$\left\{1 - \frac{l^2}{n^2}\cos^2\theta - \frac{m^2}{n^2}\sin^2\theta\right\}\rho^2 - 2\left\{\alpha_0\cos\theta + \beta_0\sin\theta\right.$$
$$\left.+ \gamma_0\sqrt{-\frac{l^2}{n^2}\cos^2\theta - \frac{m^2}{n^2}\sin^2\theta}\right\}\rho + R_0^2 - r^2 = 0.$$

Cette équation fait connaître ρ projection de la distance du sommet du cône à un point de l'intersection sur le plan des xy, en fonction de l'angle θ que cette projection fait avec l'axe des x.

L'on voit que la courbe d'intersection d'une sphère avec une surface du second ordre ne dépend que d'une équation du second degré.

Chaque génératrice du cône ne rencontre la ligne d'intersection qu'en deux points, si l'on appelle ρ_1 et ρ_2 les projections des deux segments de cette génératrice, l'on aura entre ρ_1 et ρ_2, après avoir posé $t^2 = R_0^2 - r^2$, la relation suivante :

$$\alpha_0\sqrt{(n^2-m^2) - \frac{n^2 t^2}{\rho_1 \rho_2}} + \beta_0\sqrt{(l^2-n^2) + \frac{n^2 t^2}{\rho_1 \rho_2}}$$
$$+ \gamma_0\sqrt{(m^2-l^2) - \frac{(m^2-l^2)t^2}{\rho_1\rho_2}} = \tfrac{1}{2}t^2\sqrt{l^2-m^2}\left(\frac{1}{\rho_1} + \frac{1}{\rho_2}\right).$$

62. *Plan tangent commun à l'un des quatre cônes et à la sphère sécante.* — Plaçons l'origine des coordonnées au centre de la sphère sécante, soient x'', y'', z'', les coordonnées du point de contact de la sphère α, β, γ les coordonnées du sommet du cône, et x', y', z', les coordonnées du point de contact sur le cône, les plans tangents à la sphère (4) et au cône (6) ont pour équations :

$$x''x + y''y + z''z = r^2,$$
$$l^2(x'-\alpha)(x-\alpha) + m^2(y'-\beta)(y-\beta) + n^2(z'-\gamma)(z-\gamma) = 0;$$

or, les coordonnées du sommet du cône devant satisfaire à la première équation, l'on a

(13) $\qquad x''\alpha + y''\beta + z''\gamma = r^2,$

qui est l'équation du plan polaire du sommet du cône par rapport à la sphère.

D'une autre part, l'identification des équations des deux plans tangents conduit, par un calcul facile, à l'équation,

$$\frac{x''^2}{l^2} + \frac{y''^2}{m^2} + \frac{z''^2}{n^2} = 0,$$

qui est l'équation du cône concentrique à la sphère.

De cette analyse résulte qu'il y a quatre plans tangents à la sphère proposée et au cône (6). Les quatre points de contact de ces plans avec l'ellipsoïde sont déterminés sur la sphère par l'intersection de deux cônes concentriques du second degré : le premier est le cône représenté par l'équation précédente, et le second, est le cône qui aurait pour sommet le centre de la sphère, et, pour directrice, l'intersection de cette surface avec le plan polaire du point (α, β, γ) par rapport à cette surface. Ce serait la même chose de dire que les quatre points de contact sont donnés par les quatre points communs aux courbes d'intersection du plan polaire (13) avec le cône (6) et avec la sphère.

63. *Propriétés de la courbe d'intersection.* — Menons trois plans tangents quelconques au cône, ils couperont la sphère suivant trois cercles. Le cône rapporté aux trois plans tangents a pour équation,

$$l\sqrt{p} + l'\sqrt{p'} + l''\sqrt{p''} = 0,$$

dans laquelle l, l', l'' sont des constantes et p, p', p'' les distances d'un point de la surface conique aux plans tangents.

Prenons la transformée de cette figure par rayons vecteurs réciproques, le centre de transformation étant pris sur la sphère, la transformée de la sphère sera un plan, dans lequel sera la transformée de la courbe d'intersection, les transformés des trois plans tangents seront trois sphères coupant ce plan suivant trois cercles, transformés des cercles de la première figure ; l'équation de la transformée du cône sera :

$$l_1 t + l'_1 t_1 + l''_1 t_2 = 0,$$

dans laquelle l_1, l_1, l''_1 sont des constantes et t, t_1, t_2 sont des tangentes menées d'un point de la transformée du cône aux trois sphères. Or, si l'on considère seulement les points de la transformée de la courbe d'intersection, t, t_1, t_2, seront les tangentes menées d'un des points de la courbe aux trois cercles, situés dans le plan de cette courbe. Si maintenant nous revenons à la figure primitive par une seconde transformation, l'équation précédente deviendra :

$$(14) \qquad L\frac{\tau}{\rho} + L'\frac{\tau_1}{\rho_1} + L''\frac{\tau_2}{\rho_2} = 0,$$

dans laquelle L, L', L'', sont de nouvelles constantes, τ, τ_1, τ_2 sont les distances d'un point de la courbe d'intersection aux points de contact des grands cercles tangents, menés du centre de transformation aux trois cercles de la figure proposée ; ρ, ρ_1, ρ_2, les distances de ces points de contact au centre de transformation. De là résulte que la courbe d'intersection de l'ellipsoïde (1) et de la sphère sécante jouit de la propriété exprimée par l'équation (14) par rapport à trois cercles et à un point situés sur la surface de la sphère.

Il est facile de voir qu'il y a une infinité de manières de prendre trois cercles et un point par rapport auxquels la propriété de l'équation (14) se trouve satisfaite.

Si, au lieu de prendre trois plans tangents au cône d'une manière quelconque, on les choisit aussi tangents à la sphère sécante, les trois cercles se réduisent à trois points, et l'équation (14) devient :

$$(15) \qquad l_2 r + l'_2 r' + l''_2 r'' = 0,$$

r, r', r'', étant les distances d'un point de la courbe d'intersection à ces trois points fixes. Cette dernière propriété a été énoncée par M. Darboux ; et l'on voit qu'il y a, sur chacun des plans polaires des sommets des 4 cônes par rapport à la sphère, 4 points situés aussi sur la sphère, par rapport à trois quelconques desquels la propriété (15) a lieu.

Si l'on considère un trièdre quelconque inscrit dans le cône, les trois faces couperont la sphère sécante suivant trois cercles, et si l'on prend un point quelconque et qu'on représente par λ, λ_1, λ_2 des constantes, et que, par rapport à ces cercles et à ces points, on conserve aux lettres τ, τ', τ'', ρ, ρ', ρ'' les significations que nous leur avons données ci-dessus, l'équation de la courbe d'intersection par rapport à ces cercles et à ce point sera

(16) $$\frac{\lambda \rho^2}{\tau^2} + \frac{\lambda' \rho'^2}{\tau'^2} + \frac{\lambda'' \rho''^2}{\tau''^2} = 0.$$

Mais, si l'on choisit ce trièdre inscrit au cône de telle sorte que deux de ses faces soient tangentes à la sphère, l'équation (16) prendra la forme

$$\frac{\lambda_1 \rho^2}{\tau^2} + \frac{\lambda'_1}{r'^2} + \frac{\lambda''_1}{r''^2} = 0,$$

λ_1, λ'_1, λ''_1 étant des constantes, et r', r'' les distances d'un point de la courbe d'intersection aux deux points de contact.

Si le trièdre inscrit au cône est en même temps circonscrit à la sphère, l'équation précédente prend la forme

$$\frac{\lambda_1}{r^2} + \frac{\lambda'_1}{r'^2} + \frac{\lambda''_1}{r''^2} = 0,$$

r, r', r'' étant les distances d'un point quelconque de la courbe d'intersection aux trois points de contact de la sphère avec le trièdre.

La courbe d'intersection de la sphère et de l'ellipsoïde jouit de nombreuses propriétés. Celles que nous venons d'énoncer suffisent pour montrer l'importance de cette courbe.

64. *Interprétation géométrique de l'équation* (2). — Considérons la surface auxiliaire du second ordre, concentrique du cône, ayant les axes $\mathcal{A}$, $\mathcal{B}$, $\mathcal{C}$ coïncidant en direction avec les axes du cône, et tels que

$$\mathcal{A}.l = \mathcal{B}.m = \mathcal{C}.n = H,$$

H étant une constante. L'équation de cette surface sera

$$\frac{(X-\alpha)^2}{\mathcal{A}^2} + \frac{(Y-\beta)^2}{\mathcal{B}^2} + \frac{(Z-\gamma)^2}{\mathcal{C}^2} = 1;$$

cela posé, si du sommet S du cône, l'on mène un rayon vecteur il coupera la surface auxiliaire en un point N (X, Y, Z), et la surface de l'ellipsoïde proposé en un point M, (x, y, z), et l'on aura les relations :

$$\frac{x-\alpha}{X-\alpha} = \frac{y-\beta}{Y-\beta} = \frac{z-\gamma}{Z-\gamma} = \frac{SM}{SN};$$

l'équation précédente donnera :

$$\frac{(x-\alpha)^2}{\mathcal{A}^2} + \frac{(y-\beta)^2}{\mathcal{B}^2} + \frac{(z-\gamma)^2}{\mathcal{C}^2} = \frac{\overline{SM}^2}{\overline{SN}^2};$$

le second membre de l'équation (2) est donc égal à $H^2 . \frac{\overline{SM}^2}{\overline{SN}^2}$ mais, d'une autre part, le premier membre de la même équation représente le carré de la tangente menée du point M à la sphère sécante, on aura donc, en appelant T le point de contact de cette tangente,

$$(2)' \qquad TM = H \times \frac{SM}{SN};$$

de là résulte le théorème suivant :

La tangente menée d'un point de l'ellipsoïde à la sphère sécante, est proportionnelle au quotient de la distance de ce point au sommet du cône par le diamètre de la surface auxiliaire, compté sur la direction de cette distance.

Si l'on représente par t la tangente MT, et par p le rapport $\frac{SM}{SN}$, l'équation précédente s'écrira sous la forme simple :

$$t = Hp,$$

laquelle ne contient que deux variables, et deux termes. La surface de l'ellipsoïde se trouve donc définie par une équation binôme et linéaire entre les deux coordonnées t et p.

65. *Discussion de l'équation* (2). — Si l'on donne à p différentes valeurs constantes, l'équation (2) de l'ellipsoïde représentera les intersections successives d'une série de surfaces du second ordre, asymptotiques du cône sécant, avec une série de sphères concentriques à la sphère sécante, le rayon d'une de ces sphères étant l'hypoténuse ou le côté de l'angle droit d'un triangle rectangle, dont les deux autres sont r et Hp, suivant que H^2p^2 est une quantité positive ou négative.

1° Toute sphère concentrique à la sphère sécante de l'ellipsoïde coupe cette surface suivant une courbe située sur une surface du second degré asymptotique du cône sécant.

2° La courbe d'intersection de l'ellipsoïde et d'une sphère concentrique à la sphère sécante, jouit de cette propriété, que le quotient de la distance d'un de ses points au sommet du cône sécant, par le diamètre d'une surface du second degré asymptotique de ce cône, compté sur cette distance, est constant.

3° Toute surface du second degré asymptotique du cône sécant intercepte sur la surface de l'ellipsoïde une courbe du quatrième degré, telle que les tangentes menées d'un de ses points à la sphère sécante correspondante au cône, sont toutes égales entre-elles.

66. *Propriétés des sécantes*. — 1° Appelons λ, μ, ν, les angles que la distance MS d'un point M de l'ellipsoïde au centre du cône sécant, fait avec les trois axes des x, y, z, l'on aura

$$\frac{\overline{MT}^2}{\overline{MS}^2} = H^2 \left\{ \frac{\cos^2\lambda}{\mathcal{A}^2} + \frac{\cos^2\mu}{\mathcal{B}^2} + \frac{\cos^2\nu}{\mathcal{C}^2} \right\};$$

si du point S l'on mène à l'ellipsoïde proposé trois transversales SM_1, SM_2, SM_3 rectangulaires entre elles, si l'on appelle M_1T_1, M_2T_2, M_3T_3, les tangentes de la sphère menées des trois points M_1, M_2, M_3, l'équation précédente ayant lieu pour chaque tangente et chaque transversale correspondante, on aura, en ajoutant ces trois équations ainsi obtenues :

$$\frac{\overline{M_1T_1}^2}{\overline{M_1S}^2} + \frac{\overline{M_2T_2}^2}{\overline{M_2S}^2} + \frac{\overline{M_3T_3}^2}{\overline{M_3S}^2} = \text{const} = \left\{ \frac{H^2}{\mathcal{A}^2} + \frac{H^2}{\mathcal{B}^2} + \frac{H^2}{\mathcal{C}^2} \right\}.$$

2° Si l'on suppose que les trois transversales rectangulaires, menées du sommet du cône, forment un système parallèle aux trois axes de l'ellipsoïde, et qu'on appelle M_1, M_2, M_3 les trois points où ces transversales coupent l'ellipsoïde, l'équation écrite au commencement du présent numéro prendra la forme significative

$$\frac{\overline{MT}^2}{\overline{MS}^2} = \frac{\overline{M_1T_1}^2}{\overline{M_1S}^2} \cos^2\lambda + \frac{\overline{M_2T_2}^2}{\overline{M_2S}^2} \cos^2\mu + \frac{\overline{M_3T_3}^2}{\overline{M_3S}^2} \cos^2\nu.$$

Cette équation montre que si, du sommet de l'un des quatre cônes qui passent par l'intersection de l'ellipsoïde et de la sphère, on mène trois sécantes parallèles aux axes de l'ellipsoïde proposé et une sécante quelconque, et que des points d'intersections de ces sécantes avec l'ellipsoïde on mène des tangentes à la sphère, le rapport d'une tangente quelconque au segment de la sécante correspondante se trouve donné par les rapports des trois autres tangentes aux segments des secantes correspondantes et par les cosinus des angles que ces sécantes font avec la première.

3° De là résulte que toute relation qui existe entre les demi-diamètres de l'ellipsoïde auxiliaire, existera entre les rapports des sécantes aux tangentes correspondantes issues des points où ces diamètres prolongés rencontrent l'ellipsoïde proposé. Donc l'on aura pour les points μ_1, μ_2, μ_3 où un système de diamètres conjugués rencontre l'ellipsoïde

$$\frac{\overline{\mu_1 S}^2}{\overline{\mu_1 t_1}^2} + \frac{\overline{\mu_2 S}^2}{\overline{\mu_2 t_2}^2} + \frac{\overline{\mu_3 S}^2}{\overline{\mu_3 t_3}^2} = \text{const},$$

et ainsi de suite.

On peut mettre dans tous ces rapports l'un ou l'autre des deux points où la sécante menée du point S rencontre l'ellipsoïde, pourvu que l'on introduise la tangente correspondante menée de ce point.

67. *De la puissance d'un point par rapport à une surface du second degré.* — Si, d'un point M extérieur à une surface du second degré, on mène une tangente MT à cette surface, le demi-diamètre conjugué OT de cette tangente et le demi-diamètre conjugué OA du plan de ces droites, les extrémités de cette ligne brisée M, T, O, A, sont les sommets d'un tétraèdre ; j'appelle puissance du point extérieur M, par rapport à la surface, le volume de ce tétraèdre. Ce volume est constant quelle que soit la direction de la tangente.

Si, d'un point M intérieur à une surface du second degré, on mène une demi-corde MT, le demi-diamètre conjugué OB de cette demi-corde et le demi-diamètre conjugué OA du plan de ces deux droites, les extrémités B, T, O, A de cette ligne brisée sont les sommets d'un tétraèdre, j'appelle puissance du point intérieur M par rapport à la surface, le volume de ce tétraèdre. Ce volume est constant quelle que soit la direction de la demi-corde.

Soit P la puissance d'un point extérieur M par rapport à une sphère de rayon R, l'on aura le volume MT OA $= \frac{1}{6}$ TM $\times$ R^2, et si les coordonnés du point M sont x, y, z, l'on aura

$$\text{vol. MT OA} = \frac{1}{6} R^2 \sqrt{x^2 + y^2 + z^2 - R^2},$$

or, $\frac{1}{6} R^2 x$ est le volume d'un tétraèdre ayant pour base un triangle dont les deux côtés sont x et le rayon R mené du centre dans la direction de Oy, et pour hauteur, le rayon R mené dans la direction de Oz; soit V$_1$ ce volume, en appelant V$_2$ et V$_3$ les volumes $\frac{1}{6} R^2 y$, $\frac{1}{6} R^2 z$ de deux tétraèdres formés d'une manière analogue, l'on aura

$$P^2 = V_1^2 + V_2^2 + V_3^2,$$

or, la relation que nous venons d'écrire, existe lorsque l'on prend la figure homologique, le centre d'homologie étant situé à l'infini. Mais alors la sphère devient une surface du second ordre, les directions ox, oy, oz deviennent celles de trois diamètres conjuguées a', b', c'; si l'on appelle a, b, c les trois demi-axes de l'ellipsoïde, l'on aura, en remarquant que vol. a, b, c égale vol. a', b', c',

$$\frac{P^2}{a^2b^2c^2} = \frac{1}{36}\left\{\frac{x^2}{a'^2} + \frac{y^2}{b'^2} + \frac{z^2}{c'^2} - 1\right\},$$

telle est l'expression du carré de la puissance d'un point quelconque extérieur à un ellipsoïde par rapport à cet ellipsoïde rapporté à ses trois diamètres conjugués a', b', c'.

Par rapport à un point intérieur, l'on aura, en raisonnant comme ci-dessus:

$$\frac{P^2}{a^2b^2c^2} = \frac{1}{36}\left(1 - \frac{x^2}{a'^2} - \frac{y^2}{b'^2} - \frac{z^2}{c'^2}\right);$$

a donc finalement

$$\frac{P^2}{a^2b^2c^2} = \pm \frac{1}{36}\left(\frac{x^2}{a'^2} + \frac{y^2}{b'^2} + \frac{z^2}{c'^2} - 1\right)$$

Si l'ellipsoïde est rapporté à ses trois axes l'on aura:

$$\frac{P^2}{a^2b^2c^2} = \pm \frac{1}{36}\left(\frac{x^2}{a^2} + \frac{y^2}{b^2} + \frac{z^2}{c^2} - 1\right).$$

68 *Seconde interprétation de l'équation.* — Si l'on se reporte au n° 55, on verra que l'équation (2) peut aussi s'écrire sous la forme

(2)" $$(x-\alpha)^2 + (y-\beta)^2 + (z-\gamma)^2 - r^2$$
$$= r^2k^2\left\{\frac{l^2(x-\alpha)^2}{r^2k^2} + \frac{m^2(y-\beta)^2}{r^2k^2} + \frac{n^2(z-\gamma)^2}{r^2k^2} - 1\right\},$$

Or, si l'on représente par $\mathfrak{T}$ la tangente menée d'un point de l'ellipsoïde (1) à la sphère sécante (4), et par P la puissance d'un point de cet ellipsoïde par rapport à la surface du second degré (7), L, M, N, étant les axes de cette surface, l'équation précédente s'écrira sous la forme:

(2)‴ $$\mathfrak{T} = \frac{k\,r}{\text{L.M.N.}} P,$$

de là on déduit le théorème suivant : la puissance d'un point quelconque de l'ellipsoïde, par rapport à toute surface du second degré passant par l'intersection de l'ellipsoïde et de la sphère sécante est dans un rapport constant avec la tangente menée de ce point à cette sphère.

L'équation (2)″ est une nouvelle manière de représenter l'ellipsoïde par une équation binôme entre deux variables P et ϖ.

Si l'on considère la courbe d'intersection d'une sphère concentrique à la sphère sécante et de l'ellipsoïde, ϖ sera constante pour tous les points de cette intersection donc :

La courbe d'intersection d'une sphère concentrique à la sphère sécante jouit de cette propriété que les puissances de chacun de ses points par rapport à une surface du second degré, concentrique à la surface (7), semblable et semblablement placée, sont constantes.

Et réciproquement, si l'on considère la courbe d'intersection de l'ellipsoïde avec une surface concentrique à la surface (8), semblable et semblablement placée, les tangentes menées d'un point quelconque de cette courbe d'intersection à la sphère sécante sont constantes.

Ces deux théorèmes peuvent s'énoncer comme il suit :

Si l'on mène une surface concentrique à la surface (7), semblable et semblablement placée, elle coupera l'ellipsoïde suivant une courbe sphérique située sur une sphère concentrique à la sphère sécante, et réciproquement.

Considérons les quatre surfaces du second degré passant par l'intersection de l'ellipsoïde (1) et de la sphère (2), et relatives à une même valeur du rapport k. Si l'on représente par les mêmes lettres affectées des indices 1, 2, 3, 4, la puissance et les trois demi axes relatifs à ces quatre surfaces, l'on aura :

$$\frac{P_1}{L_1 M_1 N_1} = \frac{P_2}{L_2 M_2 N_2} = \frac{P_3}{L_3 M_3 N_3} = \frac{P_4}{L_4 M_4 N_4} = \text{const.}$$

Les puissances d'un point de l'ellipsoïde (1) par rapport à l'une des quatre surfaces qui passent par l'intersection de l'ellipsoïde et de la sphère, et relatives à une même valeur du rapport spécifique k, sont dans un rapport constant avec le volume du parallélipipède construit sur les demi-axes de la surface correspondante, quelle que soit celle des quatre surfaces que l'on considère.

On déduit encore:

Il a quatre surfaces passant par l'intersection de l'ellipsoïde (1) et de la sphère, jouissant de cette propriété que la puissance d'un point de l'ellipsoïde par rapport à la surface, est dans une raison invariable avec le volume du parallélipipède construit sur les trois axes de la surface, quand on passe d'une surface à l'autre; et ces quatre surfaces, ou au moins deux, ont toujours leurs centres réels. Dans le cas tout particulier où la raison est nulle, les quatre surfaces se réduisent à quatre cônes. (Voyez n° 54 et n° 55).

69. *Propriétés des puissances d'une surface du second degré par rapport à d'autres surfaces du même degré.* — Signalons quelques conséquences remarquables de l'interprétation que nous venons de donner de la puissance d'un point par rapport à une surface du second degré.

1° Le lieu des points qui ont une puissance constante par rapport à une surface du second degré, est une surface du second degré semblable à la surface donnée.

2° Le lieu des points dont les puissances par rapport à deux surfaces du second degré semblables et semblablement placées sont entr'elles comme les aires de deux sections diamétrales parallèles de ces surfaces, est le plan qui contient une des courbes d'intersection de ces deux surfaces.

3° Le lieu des points dont les puissances P et P', par rapport à deux surfaces (a, b, c), (a', b', c') semblables et semblablement placées, sont entr'elles comme les coordonnées de l'hyperbole,

$$\frac{P^2}{a^2 b^2} - \frac{P'^2}{a'^2 b'^2} = k^2,$$

dans laquelle k est une constante quelconque, est encore un plan parallèle à celui qui contient une des deux courbes d'intersection des deux surfaces.

4° Le lieu des points dont les puissances P et P', par rapport à deux surfaces du second degré quelconques et situées d'une manière quelconque, sont entr'elles dans un rapport constant, est une surface du même degré passant par l'intersection des deux surfaces données.

5° Si deux surfaces du second degré sont telles que l'une soit circonscrite à l'autre suivant une courbe de contact, le lieu des points dont les puissances P et P' par rapport à ces surfaces sont dans un rapport constant, est une surface du second degré ayant avec les deux précédentes la même courbe de contact.

6° Si une surface du second degré est inscrite dans une surface du même degré, la puissance d'un point quelconque de la première par rapport à la seconde est dans un rapport constant avec la distance de ce point au plan de la courbe des contacts.

7° Si une surface du second degré coupe une autre surface du même degré suivant deux courbes planes, la puissance d'un point quelconque de la première par rapport à la seconde, est dans un rapport constant avec une moyenne proportionnelle entre les distances de ce point aux plans des deux courbes d'intersection.

8° Toute surface du second degré qui passe par les huit points communs à trois surfaces du même degré S_1, S_2, S_3, est donnée par une relation linéaire des carrés des puissances d'un de ses points par rapport aux trois surfaces.

9° Si, dans le théorème précédent, chacune des surfaces S_1, S_2, S_3, est donnée par l'ensemble de deux plans, l'on aura pour chaque point de la surface circonscrite à l'octaèdre déterminé par les six plans,

$$\alpha pp' + \beta p_1 p'_1 + \gamma p_2 p'_2 = 0,$$

dans laquelle $p, p', p_1, p'_1, p_2, p'_2$, sont les distances d'un des points de la surface à ces six plans et α, β, γ des constantes.

70 *Propriétés du plan tangent.* — Si l'on appelle $\mathcal{P}'$ et $\mathcal{P}$ les distances d'un point quelconque aux plans polaires d'un point m pris sur l'ellipsoïde par rapport à la sphère sécante et à une des surfaces du second degré (L, M, N) qui passent par l'intersection de l'ellipsoïde et de la sphère, si l'on appelle P' et P les distances des centres de la sphère et de la surface du second degré aux plans polaires correspondants, l'équation du plan tangent à l'ellipsoïde sera :

$$\frac{\mathcal{P}'}{\mathcal{P}} = k^2 \frac{P'}{P}.$$

Il suffit de prendre l'équation du plan tangent à l'ellipsoïde représenté par l'équation (2)".

Cette équation peut être mise sous une autre forme. Si l'on remarque que le rapport de $\mathcal{P}'$ à $\mathcal{P}$ est le même que celui des cosinus que P' et P font avec le plan tangent, ou avec l'élément ds d'une courbe passant par le point m sur la surface de l'ellipsoïde, si l'on remarque, de plus, que P' est une troisième proportionnelle entre le rayon r de la sphère et la distance ρ de son centre au point m, l'on aura :

$$\rho \cos \widehat{\rho ds} = \frac{k^2 r^2}{P} \cos \widehat{P ds}.$$

La première équation prouve que, pour un point quelconque du plan tangent à l'ellipsoïde, le rapport des distances de ce point aux deux plans polaires de ce point par rapport à la sphère et de l'ellipsoïde, est constant ; la seconde équation que le rapport des cosinus des angles que ces distances font avec le plan tangent est constant.

La seule forme de la première équation met en évidence cette propriété caractéristique :

Théorème. Les deux plans polaires d'un point situé sur l'ellipsoïde par rapport à la sphère sécante et à toute surface du second degré qui passe par l'intersection de la sphère et de l'ellipsoïde, sont tels que leur intersection se trouve sur le plan tangent en ce point à l'ellipsoïde.

De ce théorème résulte la construction du plan tangent en un point de l'ellipsoïde. Prenez les plans polaires de ce point par rapport à la sphère sécante et à l'une des surfaces du second degré (L, M, N) qui passent par l'intersection de deux premières surfaces, et faites passer un plan par le point donné et l'intersection des deux plans polaires.

La forme de la seconde équation met aussi en évidence cette propriété caractéristique de la normale :

Théorème. Si, à partir d'un point pris sur l'ellipsoïde ou même perpendiculairement au plan polaire de ce point par rapport à la surface du second degré (L, M, N,) une ligne égale à une troisième proportionnelle au rayon de la sphère sécante et à la distance du centre de la surface (L, M, N) au plan polaire, si l'on joint au centre de la sphère l'extrémité de cette ligne, le point γ, qui partage cette distance dans le rapport de k^2 à 1, est situé sur la normale à l'ellipsoïde.

Ce théorème donne immédiatement la construction de la normale.

71. *Caractères par rapport au plan tangent, communs aux différentes surfaces qui passent par l'intersection de la sphère et de l'ellipsoïde.* — De ce qui précède se déduisent sans difficulté les propriétés suivantes :

1° La normale à l'ellipsoïde en un point et les perpendiculaires abaissées de ce point sur les deux plans polaires du point *m* par rapport à la sphère sécante et à une surface du second degré qui passe par l'intersection de la sphère et de l'ellipsoïde, sont situés dans le même plan.

2° Tous les plans polaires d'un point *m* de l'ellipsoïde par rapport aux différentes surfaces du second degré qui passent par l'intersection de l'ellipsoïde et d'une sphère, contiennent une même droite, intersection du plan tangent en ce point et du plan polaire de ce point par rapport à la sphère.

3° Le plan normal à l'ellipsoïde en un point *m*, passant par le centre de la sphère sécante, est le lieu de toutes les perpendiculaires menées de ce point sur les plans polaires du point par rapport à toutes les surfaces du second degré qui passent par l'intersection de la sphère et de l'ellipsoïde.

4° Si l'on considère les quatre surfaces passant par l'intersection de l'ellipsoïde et de la sphère, et correspondant à une même valeur du rapport spécifique k^2, et qu'on prenne, à partir d'un point m, situé sur l'ellipsoïde, dans la direction des perpendiculaires aux plans polaires du point m par rapport à ces surfaces, des distances mb_1, mb_2, mb_3, mb_4, égales aux distances des centres des quatre surfaces aux plans polaires correspondants, les points b_1, b_2, b_3, b_4 seront situés sur une même circonférence de cercle tangent à la normale et situé dans le plan normal à l'ellipsoïde passant par le centre de la sphère.

5° Les mêmes choses étant posées que dans le théorème précédent, décrivez du point m comme centre pris sur l'ellipsoïde une sphère égale à la sphère sécante ; si le point b_1 est extérieur à cette sphère, menez de ce point une tangente à la sphère et appelez β_1 la projection du point de contact sur mb_1 ; si le point b_2 est intérieur à la sphère, élevez une perpendiculaire en ce point à mb_1 ; au point où elle rencontre la sphère, menez un plan tangent, appelez β_1 l'intersection de ce plan et de la droite mb_1 prolongée, si l'on fait la même construction pour chacun des autres points b_2, b_3, b_4, on déterminera ainsi quatre points β_1, β_2, β_3, β_4 qui seront situés sur une même parallèle à la normale. La connaissance de deux quelconques de ces points, détermine la direction de la normale.

Remarque.—Si l'on se reporte au théorème 4° du présent numéro, et que pour chaque valeur du rapport spécifique k^2, on construise les quatre points, tels que b_1, b_2, b_3, b_4 relatifs à ce rapport, ainsi que les cercles qui passent par ces quatre points, tous ces cercles situés dans un même plan, sont tangents entre eux au point situé sur l'ellipsoïde, et les lignes qui contiennent les quatre points tels que β_1, β_2, β_3, β_4, relatifs aux diverses valeurs de k_2 situés dans le même plan, sont parallèles à la normale ; et il est aisé de reconnaître qu'elles ne sont autre chose que les transformées, par rayon vecteurs réciproques, des cercles dont nous venons de parler.

72. *Propriétés de l'ellipsoïde par rapport au rayon de courbure d'une ligne tracée sur sa surface.* — Si nous différentions deux fois successives l'équation (2)″. Si nous représentons par R le rayon de courbure d'une section normale quelconque passant par le point m, pris sur l'ellipsoïde, en rappelant que l'on a :

$$\frac{\cos \widehat{Rx}}{R} = \frac{d}{ds}\left(\frac{dx}{ds}\right), \frac{\cos \widehat{Ry}}{R} = \frac{d}{ds}\left(\frac{dy}{ds}\right), \frac{\cos \widehat{Rz}}{R} = \frac{d}{ds}\left(\frac{dz}{ds}\right),$$

la différentielle seconde de l'équation (2)″, deviendra, en ayant égard à ces relations :

$$\frac{1}{\rho} + \frac{\cos \widehat{\rho R}}{R} = k^2 \frac{r^2}{\rho}\left(\frac{dx^2}{L^2 ds^2} + \frac{dy^2}{M^2 ds^2} + \frac{dz^2}{N^2 ds^2} - \frac{\cos \widehat{PR}}{PR}\right),$$

or, si l'on représente par d le demi diamètre de la surface du second degré (L, M, N), parallèle à la direction de l'élément ds, l'on aura :

$$\frac{1}{r^2} - \frac{k^2}{d^2} + \frac{1}{R}\left(\frac{\cos \widehat{P'R}}{P'} - \frac{K^2 \cos \widehat{PR}}{P}\right) = 0,$$

si, enfin, on élimine k^2 entre cette équation et l'équation du plan tangent mise sous la seconde forme, n° 70, en représentant par **II** une troisième proportionnelle à d et à P, comptée à partir de m dans la direction de P, l'on obtiendra sans difficulté, l'équation aussi simple que significative :

$$\frac{\sin \widehat{PP'}}{R} + \frac{\sin \widehat{P'R}}{\Pi} + \frac{\sin \widehat{PR}}{\rho} = 0,$$

de laquelle on déduit :

Théorème. — Si l'on construit les trois points : le centre de courbure de la section normale de l'ellipsoïde, le centre de la sphère sécante et l'extrémité de la troisième proportionnelle au demi diamètre de la surface (L, M, N) parallèle à l'élément de la section, et à la distance du centre de cette surface au plan polaire du point m par rapport à cette surface, cette troisième proportionnelle étant comptée à partir du point m, perpendiculairement au plan polaire de ce point par rapport à cette surface, ces trois points seront en ligne droite.

La construction du rayon de courbure d'une section normale à l'ellipsoïde résulte donc immédiatement des éléments de la question elle-même : construisez, pour chaque section normale, l'extrémité de la ligne $\frac{d^2}{P}$ compté à partir du point m dans la direction de P, joignez cette extrémité avec le centre de la sphère sécante, elle coupera la normale en un point qui sera le centre de courbure de la section.

Si l'on considère trois sections normales en un point, en appelant R, R', R", les rayons de courbure de ces sections et d, d', d'' les demi-diamètres de la surface (L, M, N) parallèles aux éléments de ces sections au point m, l'on aura sans difficulté, la relation

$$\frac{1}{R}\left(\frac{1}{d''^2}-\frac{1}{d'^2}\right)+\frac{1}{R'}\left(\frac{1}{d^2}-\frac{1}{d''^2}\right)+\frac{1}{R''}\left(\frac{1}{d'^2}-\frac{1}{d^2}\right)=0,$$

qui lie entr'eux les trois rayons de courbure de ces sections.

Cette formule renferme implicitement la formule d'Euler; car si l'on suppose que d', d'' sont les deux demi axes de la section menée par le centre de la surface (L, M, N,) parallèlement au plan tangent à l'ellipsoïde au point m, d le demi-diamètre de cette section formant l'angle φ avec d' l'on aura :

$$\frac{1}{d^2}=\frac{\cos^2\varphi}{d'^2}+\frac{\sin^2\varphi}{d''^2},$$

et, en ayant égard à cette valeur dans la relation en question, on trouvera :

$$\frac{1}{R} = \frac{\cos^2\varphi}{R'} + \frac{\sin^2\varphi}{R''}.$$

73. *Caractères communs aux courbures des surfaces qui passent par l'intersection de la sphère et de l'ellipsoïde pour une même valeur de* k^2. — Si l'on considère les quatre surfaces du second degré qui passent par l'intersection de la sphère et de l'ellipsoïde, et qu'on se serve des mêmes lettres affectées des indices 1, 2, 3, 4 pour représenter les grandeurs analogues qui se rapportent à chacune de ces surfaces, l'on déduira de l'équation du n° 72, la relation

$$\frac{1}{d_1^2} - \frac{1}{d_2^2} + \frac{1}{R}\left(\frac{\cos \widehat{P_1 R}}{P_1} - \frac{\cos \widehat{P_2 R}}{P_2}\right) = o,$$

laquelle fait connaître le rayon de courbure de l'ellipsoïde au moyen de deux quelconques des quatre surfaces (L,M,N) qui se rapportent à une même valeur de k^2, quelle que soit d'ailleurs cette valeur.

Au lieu de différencier deux fois l'équation de l'ellipsoïde sous la forme (2)″, opérons sur l'équation (1), nous trouvons, en effectuant les mêmes substitutions, en appelant D le demi diamètre de l'ellipsoïde (1), parallèle à l'élément des courbes ds et p la distance du centre au plan tangent, l'équation connue

$$R = \frac{D^2}{p},$$

il résulte de là que si l'on considère trois des surfaces (L, M, N,) qui correspondent à une même valeur de k^2, en appelant $\lambda_1, \lambda_2, \lambda_3$ les rayons de courbure des sections normales de ces surfaces en des points où leurs plans tangents sont parallèles au plan tangent à l'ellipsoïde (1) en m, et $\bar\omega_1, \bar\omega_2, \bar\omega_3$ les distances des plans tangents aux centres des surfaces correspondants, et que par les extrémités des points b_1, b_2, b_3, on mène des plans parallèles aux plans polaires du point m par rapport aux trois surfaces dont il s'agit, en appelant i_1, i_2, i_3 les intersections de ces plans avec la normale à l'ellipsoïde au point m, l'on aura

$$\frac{1}{\lambda_1\bar{\omega}_1}\left(\frac{1}{mi_2}-\frac{1}{mi_3}\right)+\frac{1}{\lambda_2\bar{\omega}_2}\left(\frac{1}{mi_3}-\frac{1}{mi_1}\right)$$
$$+\frac{1}{\lambda_3\bar{\omega}_3}\left(\frac{1}{mi_1}-\frac{1}{mi_2}\right)=0.$$

74. *Tangente et rayon de courbure de la courbe d'intersection.* — Supposons que le point m se trouve situé sur la courbe d'intersection de l'ellipsoïde et de la sphère, les plans polaires du point m, par rapport à la sphère et à la surface du second degré qui passe par l'intersection de la sphère et de l'ellipsoïde, ne seront autre chose que les plans tangents à la sphère et à la surface du second degré, donc, la ligne commune d'intersection du plan tangent à l'ellipsoïde et aux deux plans polaires des deux autres surfaces, n'est autre chose que la tangente.

Quant au rayon de courbure de la ligne d'intersection, elle est donnée par la formule du n° 72 dans laquelle ρ serait remplacé par r qui lui est égal dans le cas dont il s'agit, et Π serait remplacé par le rayon de courbure de la section normale à la surface, qui passe par l'intersection de l'ellipsoïde et de la sphère, cette section étant faite suivant la tangente à la courbe d'intersection. En effet, d, dans le cas actuel, représente le diamètre de la surface (L, M, N) parallèle à la tangente, et P, la distance du centre de cette surface au plan tangent à l'intersection, donc Π, qui est une troisième proportionnelle entre d et P, n'est autre chose que le rayon de courbure de la section normale de la surface. Les centres de courbure de trois sections normales passant par les tangentes menées dans chacune de ces surfaces, sont donc en ligne droite, et le pied de la perpendiculaire abaissée du point m sur cette ligne, n'est autre que le centre de courbure de la ligne d'intersection.

75. *Généralisation.* — On arrivera soit directement, soit par une des méthodes de transformation que nous avons déjà employées, au théorème suivant, qui renferme ceux que nous avons démontrés au n° 70.

Théorème I. Si trois surfaces du second degré ont une même ligne d'intersection, les plans polaires d'un point quelconque de l'espace par rapport à ces trois surfaces ont une même ligne d'intersection.

De ce théorème on déduit : 1° que le rapport des cosinus des angles que l'un des trois plans polaires fait avec les normales aux deux autres, est constant ; 2° si le point, au lieu d'être quelconque, est situé sur l'une des trois surfaces, le plan tangent à cette surface n'étant autre que le plan polaire du point de contact, le plan tangent est déterminé par le point de contact et l'intersection des deux autres plans polaires.

On arrivera avec facilité et directement au théorème suivant relatif au rayon de courbure.

Théorème II. Si trois surfaces du second degré ont même ligne d'intersection, et que, par un point pris sur une des trois, on mène une section normale à cette surface et les demi diamètres des deux autres surfaces, parallèles à la tangente à cette section, ainsi que les plans polaires du point de contact par rapport à ces deux surfaces, si l'on prend, à partir du point de contact et dans la direction des normales à ces plans polaires, des troisièmes proportionnelles aux demi diamètres et aux distances correspondantes des plans polaires aux centres des deux surfaces, les extrémités de ces deux droites et le centre de courbure de la section faite dans la première surface, seront en ligne droite.

Corollaire. Si l'on appelle Π et Π' ces troisièmes proportionnelles, la première égale à $\dfrac{d^2}{P}$ et la seconde à $\dfrac{d'^2}{P'}$, l'on aura la relation

$$\frac{\sin \widehat{PP'}}{R} + \frac{\sin \widehat{PR}}{\Pi} + \frac{\sin \widehat{P'R}}{\Pi'} = o.$$

Il sera donc facile d'étendre aux surfaces du second degré qui passent par une même ligne d'intersection les conséquences que nous avons tirées de cette équation.

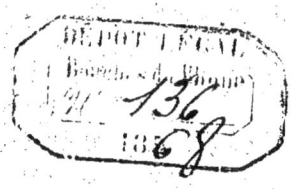

CHAPITRE IV.

DES LIGNES TRACÉES SUR LES SURFACES
DU SECOND DEGRÉ.

Introduction. — L'étude des lignes tracées sur les surfaces du second degré offre un grand intérêt, d'abord au point de vue des propriétés géométriques de ces lignes, et, ensuite, au point de vue des méthodes que l'analyse met en usage pour surmonter les difficultés inhérentes à cette question. Si les coordonnées cartésiennes sont utilement employées lorsqu'il s'agit des intersections de ces surfaces avec les droites et avec les plans, elles sont insuffisantes pour étudier le chemin curviligne que suit une ligne tracée sur ces surfaces; il faut recourir à de nouvelles coordonnées. Celles qui sont elles-mêmes curvilignes s'adaptent mieux à cette question complexe; les formules prennent quelquefois de l'élégance, et les résultats, une simplicité souvent inespérée.

Malgré ces puissants secours, et les efforts des géomètres les plus éminents, l'étude des lignes tracées sur les surfaces du second degré est peu avancée. Les difficultés proviennent des intégrations que l'état de la science ne permet pas d'effectuer; quoique, dans des cas relativement nombreux, l'emploi des coordonnées elliptiques permette de séparer les variables.

Aussi, nous semble-t-il que c'est moins à franchir les

difficultés analytiques de ces sortes de questions que doivent tendre les géomètres qu'à tirer un parti judicieux des ressources qu'ils possèdent, en coordonnant les faits, en imaginant des méthodes de simplification, qui rendent, en quelque sorte, élémentaires les résultats, et leur donnent une vie géométrique.

C'est là le but que nous nous sommes proposé. Nous faisons dépendre l'étude d'une courbe tracée sur une surface du second degré, d'une autre courbe tracée sur une surface conique. Cette seconde courbe a, avec la première, une relation simple et si intime que lorsque les équations et les propriétés de l'une sont connues, les équations et les propriétés de l'autre s'en déduisent sans aucune difficulté. L'équation différentielle de la courbe tracée sur la surface du second degré quelconque, est la traduction immédiate de la propriété relative à la courbe correspondante située sur la surface conique. De cette sorte, non-seulement de longs calculs, de pénibles différentiations se trouvent éludés, mais les propriétés géométriques sont mises en relief.

La forme expressive que M. Liouville a donnée à la ligne géodésique ellipsoïdale, principe de la découverte de tant de propriétés de l'ellipsoïde ; le beau théorème de M. Roberts sur l'invariabilité de la somme des distances géodésiques d'un point quelconque d'une ligne de courbure à deux ombilics, et plusieurs résultats intéressants, signalés par M. Chasles, se présentent comme conséquences immédiates de cette théorie ; mais elle donne encore une nouvelle forme significative de la ligne géodésique, facilement applicable, met en évidence de nouvelles relations des lignes tracées sur les surfaces du second degré, et rend plus complète et plus facile leur assimilation avec les lignes planes.

Cette matière, pour être traitée à fond, exigerait de longs développements : nous avons dû nous borner, et nous attacher avant tout, aux faits les plus simples, les plus féconds et les plus propres à mettre en plein jour l'utilité et la généralité de la méthode.

DES COORDONNÉES ELLIPTIQUES.

76. *Coordonnées elliptiques.* — Pour ne pas recourir à des sources étrangères, nous allons exposer rapidement en quoi consistent les coordonnées elliptiques. Dans ce système, un point est donné par l'intersection de trois surfaces homofocales du second degré. Soient, suivant l'usage, ρ, μ, ν les trois demi-axes de ces surfaces, et dans chacune d'elles, b et c les demi-distances focales de deux sections principales, majeure et moyenne; on a les conditions : $\rho > c > \mu > b > \nu$. Nous représentons par $F(\rho)$, $F(\mu)$, $F(\nu)$ les équations de ces trois surfaces dans le système cartésien orthogonal; la première de ces équations étant

$$(1) \qquad \frac{x^2}{\rho^2} + \frac{y^2}{\rho^2-b^2} + \frac{z^2}{\rho^2-c^2} - 1 = 0,$$

et les deux autres, ce que devient celle-ci lorsqu'on y remplace successivement ρ par μ et par ν. A chaque système de valeurs de x, y, z correspondra un sytème de valeurs de ρ, μ, ν. Or, si l'on emploie le mode d'élimination dont nous avons déjà fait usage (chap. I, n° 5), on trouve immédiatement les trois relations :

$$\mu^2 + \nu^2 + \rho^2 = x^2 + y^2 + z^2 + b^2 + c^2,$$
$$(2) \qquad \mu^2\nu^2\rho^2 = b^2c^2x^2,$$
$$\rho^2\mu^2 + \mu^2\nu^2 + \nu^2\rho^2 = b^2(x^2+z^2) + c^2(x^2+y) + b^2c^2;$$

desquelles on déduit :

$$bcx = \rho\mu\nu,$$
$$(3) \qquad b\sqrt{c^2-b^2}\, y = \sqrt{\rho^2-b^2}\,\sqrt{\mu^2-b^2}\,\sqrt{b^2-\nu^2},$$
$$c\sqrt{c^2-b^2}\, z = \sqrt{\rho^2-c^2}\,\sqrt{c^2-\mu^2}\,\sqrt{c^2-\nu^2}.$$

Ces formules serviront à passer du système cartésien au système elliptique. Il sera avantageux de prendre la surface du second degré sur laquelle sont tracées les lignes que l'on étudie pour l'une des trois surfaces orthogonales ; il suffira de regarder comme constant dans les formules précédentes le demi grand axe de cette surface.

77. *Diamètres, Normales, Rayons de courbure*. — Pour fixer les idées, nous supposerons dans tout ce qui va suivre que la surface sur laquelle sont tracées les courbes, est la surface d'un ellipsoïde représenté par l'équation (1) ; nous représenterons par h^3 le volume du parallélipipède construit sur les trois demi-axes; par s^i, la somme des carrés des trois faces contiguës au centre, et par l la diagonale. Si, au moyen des formules (3), on exprime en coordonnées elliptiques la distance du centre de l'ellipsoïde au plan tangent, en appelant P cette distance, on trouvera (chap. III, n° 70),

$$(4) \qquad P = \frac{h^3}{\sqrt{\rho^2-\mu^2}\ \sqrt{\rho^2-\nu^2}}.$$

Le volume du parallélipipède construit sur trois demi-diamètres conjugués étant constant et égal au produit des trois demi-axes, il résulte que le dénominateur de P représente l'aire du rectangle construit sur les demi-axes de la section diamétrale parallèle au plan tangent. Soient r_μ, r_ν ces demi-axes, la première des équations (2) donne

$$\rho^2 + (\rho^2-b^2) + (\rho^2-c^2) = x^2 + y^2 + z^2 + (\rho^2-\mu^2) + (\rho^2-\nu^2),$$

le premier membre est la somme des carrés des trois demi-axes de l'ellipsoïde, or, cette somme égale la somme des carrés des demi-diamètres conjugués d'un système quelconque, donc si l'on retranche du second membre le carré du demi-diamètre conjugué du plan tangent, lequel est $x^2 + y^2 + z^2$, la partie restante du second membre exprimera la somme des carrés des demi-axes de la section diamétrale parallèle au plan tangent. On a donc les deux équations :

$$r_\mu^2 r_\nu^2 = (\rho^2-\mu^2)(\rho^2-\nu^2) \quad , \quad r_\mu^2 + r_\nu^2 = (\rho^2-\mu^2) + (\rho^2-\nu^2),$$

desquelles on déduit

(5) $\quad \left\{ r_\nu^2 = \rho^2-\mu^2 \quad , \quad r_\mu^2 = \rho^2-\nu^2. \right\}$

Si l'on appelle R_μ, R_ν les rayons de courbure des deux sections normales de l'ellipsoïde au point que l'on considère, suivant des tangentes en ce point parallèles aux axes r_μ, r_ν; en s'appuyant sur la formule du n° 73, chap. III, on aura

(6) $\left\{ R_\mu^2 = \dfrac{(\rho^2-\nu^2)^3(\rho^2-\mu^2)}{h^6} \quad , \quad R_\nu^2 = \dfrac{(\rho^2-\mu^2)^3(\rho^2-\nu^2)}{h^6} . \right\}$

Si l'on appelle N_x, N_y, N_z les segments de la normale à l'ellipsoïde terminés aux plans coordonnés perpendiculaires aux axes des x, des y, des z, on trouvera d'après les formules du n° 31, chap. II.

(7) $\quad \left\{ \dfrac{\rho^2}{N_x} = \dfrac{\rho^2-b^2}{N_y} = \dfrac{\rho^2-c^2}{N_z} = P, \right\}$

soient n_x, n_y, n_z les projections normales sur les mêmes plans l'on obtient :

(8) $\quad \begin{aligned} \dfrac{n_x^2}{\rho^4} &= \dfrac{y^2}{(\rho^2-b^2)^2} + \dfrac{z^2}{(\rho^2-c^2)^2}, \\ \dfrac{n_y^2}{(\rho^2-b^2)^2} &= \dfrac{z^2}{(\rho^2-c^2)^2} + \dfrac{x^2}{\rho^4}, \\ \dfrac{n_z^2}{(\rho^2-c^2)^2} &= \dfrac{x^2}{\rho^4} + \dfrac{y^2}{(\rho^2-b^2)^2}; \end{aligned}$

lesquelles deviennent des fonctions rationnelles des coordonnées elliptiques lorsqu'on élimine x, y, z au moyen des équations (3).

On en déduit les angles de la normale avec les trois axes :

$$(9) \qquad \cos^2 \widehat{Nz} = \frac{\rho^2 (\rho^2 - b^2)}{c^2 (c^2 - b^2)} \times \frac{(c^2 - \mu^2)(c^2 - \nu^2)}{(\rho^2 - \mu^2)(\rho^2 - \nu^2)}.$$

Ces formules indispensables étant posées, nous passons à l'objet spécial de nos recherches.

II

MÉTHODE DE TRANSFORMATION.

78. *Des courbes ellipsoïdales réciproques.* — Soit une courbe E' tracée sur l'ellipsoïde, et A', A'$_1$, A'$_2$, trois de ses points infiniment voisins, joignons le point A' au centre O de la surface, et menons le diamètre conjugué OA du plan des deux droites OA', OA'$_1$, le point A se trouvera déterminé par cette construction, les directions OA', OA, A'A'$_1$, sont celles de trois diamètres conjugués. Si pour chacun des points de la courbe E', nous faisons la même construction, nous obtiendrons sur la surface une série de points A, A$_1$, A$_2$..., dont l'ensemble formera une courbe E. Je dis que la courbe E' est réciproque de la courbe E, c'est-à-dire, telle que si l'on effectue sur chacun des points de la courbe E, la construction que nous venons de définir, l'on trouvera successivement chacun des points de la courbe E'. En effet, considérons le point A$_1$ de la courbe E, OA', est l'intersection des deux plans diamétraux conjugués de OA, et de OA$_1$; donc cette intersection est le diamètre conjugué du plan des droites OA, OA$_1$; mais à la limite, OA'$_1$ se confond avec OA', et l'élément AA$_1$ de la courbe E se confond avec la tangente à cette courbe, donc, la courbe E' est réciproque de la courbe E. De là résulte :

Théorème I. — Si, en chaque point d'une courbe ellipsoïdale, on mène la tangente et le diamètre conjugué du plan diamétral qui passe par cette tangente, le lieu des extrémités de ce diamètre conjugué est une courbe qui a pour réciproque la courbe donnée.

On déduit les corollaires suivants :

1° Deux points correspondants sur deux courbes réciproques, sont réciproques.

2° Si l'on mène les tangentes aux courbes réciproques E' et E en des points A' et A réciproques, ces tangentes sont parallèles. En effet, les directions OA, AA$_1$, OA' sont celles de trois diamètres conjugués, mais, d'après ce que nous avons établi, les directions OA, A'A'$_1$, OA' sont aussi celles de trois diamètres conjugués ; les directions OA, et OA' étant communes dans ces deux systèmes, il en résulte que les directions A'A'$_1$, et AA$_1$ sont aussi les mêmes. c. q. f. d.

3° Les plans osculateurs de deux courbes réciproques en des points réciproques sont parallèles ; en effet, les deux éléments qui déterminent le premier plan sont parallèles, chacun à chacun, aux deux éléments qui déterminent le second plan.

4° Si la courbe E' est plane, la courbe réciproque E sera aussi plane.

Théorème II. — Si l'on fait passer des droites par le centre de l'ellipsoïde et les différents points de la courbe E' et de sa réciproque E, les deux cônes C' et C ainsi obtenus, sont réciproques.

On déduit :

1° Si l'on considère la surface développable, lieu des plans tangents à l'ellipsoïde aux divers points d'une courbe ellipsoïdale E' et la surface conique C qui a la courbe E pour directrice, les plans tangents à l'ellipsoïde et au cône en des points réciproques, sont parallèles. En effet, le plan tangent à l'ellipsoïde au point A' de la courbe E' est parallèle au plan diamétral conjugué du demi diamètre O A' ; or, ce plan diamétral est tangent au cône au point A réciproque de A'. Donc...

2° Si le plan osculateur d'une courbe ellipsoïdale E', fait un certain angle avec le plan tangent au même point à l'ellipsoïde, le plan osculateur de la courbe réciproque E, au point réciproque, fait le même angle en ce point avec le plan tangent au cône C, et réciproquement. Ceci résulte des corollaires 1 et 2 du théorème I.

3° La courbe géodésique tracée sur une surface étant celle dont le plan osculateur, en un de ses points, est perpendiculaire en ce point au plan tangent à la surface; si la courbe E' est une ligne géodésique de l'ellipsoïde, la courbe E réciproque sera géodésique du cône qui a la ligne E pour directrice, et réciproquement.

4° La tangente à l'ellipsoïde en un point A', conjuguée de la tangente en ce point à la courbe ellipsoïdale E', est, d'après M. Charles Dupin, l'intersection de deux plans tangents à l'ellipsoïde en deux points, infiniment voisins de la courbe E'; cette tangente est parallèle à la génératrice du cône C menée au point A réciproque de A'. (Coroll. 1.)

Remarquons que les lignes de courbure d'un cône sont les génératrices rectilignes et leurs trajectoires orthogonales; ces dernières lignes étant les intersections du cône avec une série de sphères concentriques dont le centre est au sommet du cône. Pour établir cette double proposition, il suffit d'observer que les normales à la surface, en deux points infiniment voisins pris sur une génératrice, se rencontrent à l'infini; d'une autre part, les normales à la surface en deux points infiniment voisins pris sur l'intersection du cône avec une sphère concentrique, se rencontrent en un point qui est le sommet d'un cône dont les arêtes sont respectivement perpendiculaires aux éléments plans d'un cône circulaire droit, osculateur du cône proposé au point considéré.

De là résulte que les lignes de courbure d'une surface développable sont les génératrices de cette surface et leurs trajectoires orthogonales, car, on peut considérer, au point donné de cette surface développable, un cône circulaire osculateur ayant pour sommet le point d'intersection de deux arêtes de la surface développable. Cela posé, on peut énoncer la proposition suivante :

Théorème III. — Si une ligne ellipsoïdale E' est une ligne de courbure de l'ellipsoïde, sa réciproque E sera une ligne de courbure du cône C qui a cette réciproque pour directrice.

En effet, de ce que la courbe E' est ligne de courbure de l'ellipsoïde, elle sera aussi une ligne de courbure de la surface développable enveloppe des plans tangents à l'ellipsoïde suivant la courbe E', donc la courbe réciproque E coupera aussi orthogonalement les génératrices du cône C et réciproquement.

C'est une chose digne de remarque que si un cône, dont le sommet est au centre de l'ellipsoïde, coupe cette surface suivant une de ses lignes géodésiques, ou suivant une de ses lignes de courbure, l'ellipsoïde coupe le cône réciproque suivant une de ses lignes géodésiques, ou suivant une de ses lignes de courbure (*).

Théorème IV. — Les axes r'_μ, r'_ν de la section diamétrale faite dans l'ellipsoïde parallèlement au plan tangent, ont même direction que les lignes de courbure au point de contact.

En effet, les deux tangentes aux lignes de courbure, étant conjuguées entre elles, sont parallèles à deux diamètres conjugués de la section diamétrale parallèle au plan tangent. Or, ces deux tangentes sont rectangulaires entre elles. Donc, elles sont parallèles aux axes de cette section. *c.q.f.d.* Ce théorème est dû à M. Charles Dupin.

Considérons le demi diamètre OA″ conjugué des deux demi diamètres OA′, OA, menés à deux points réciproques A′, A de deux courbes réciproques. D'après ce qui précède, ce diamètre est parallèle aux tangentes aux courbes E′, E en leurs points réciproques, il y a aussi lieu

---

(*) Les communications que nous avons faites à l'Académie de Marseille à partir de l'année 1859, constatent que nous étions alors en possession de l'usage des courbes réciproques, des théorèmes sur les lignes de courbure et sur les lignes géodésiques qui s'y rapportent, et surtout, de la méthode fondée sur ces courbes pour l'étude générale des courbes ellipsoïdales. Cette méthode générale qui fait l'objet principal de nos recherches, n'a été encore ni indiquée ni pratiquée par les géomètres.

d'étudier la courbe E″ décrite par le point A″ lorsque le point A′ décrit la courbe E′, ainsi que le cône C″ engendré par le demi-diamètre OA″.

Théorème V. — Le cône C″, engendré par le demi diamètre OA″ conjugué des deux demi diamètres OA, OA′, pendant que les points A et A′ décrivent deux courbes réciproques E et E′, est tel que l'angle de deux arêtes consécutives est égal à l'angle de contingence des deux courbes E′, E, et que l'angle de deux plans infiniment voisins est égal à l'angle de flexion de ces deux courbes.

79. *Problème* 1. — Connaissant une relation entre la perpendiculaire p abaissée du centre de l'ellipsoïde sur la tangente à une courbe ellipsoïdale E au point A, et l'angle α', qu'elle fait avec le demi-diamètre OA mené en ce point, trouver l'équation de la courbe réciproque E′.

Soient r et r' les demi-diamètres menés au point A et à son réciproque A′, r'' le demi-diamètre parallèle à la tangente à la courbe E au point A; r'_μ, r'_ν les axes de la section ellipsoïdale passant par la tangente à la courbe E au point A; et la relation entre p et α' représentée par l'équation :

$$(10) \qquad p = f(\alpha');$$

appelons i l'angle que le diamètre r'' fait avec l'axe r'_μ, l'on a les relations :

$$(11) \quad \begin{cases} r'_\mu r'_\nu = rr'' \sin\alpha', \quad r''^2 + r^2 = r'^2_\mu + r'^2_\nu, \\ \dfrac{1}{r''^2} = \dfrac{\cos^2 i}{r'^2_\mu} + \dfrac{\sin^2 i}{r'^2_\nu}; \end{cases}$$

or, si l'on remarque que p est égal à $r\sin\alpha'$ l'on obtient

$$(12) \quad \begin{cases} p^2 = r'^2_\mu \sin^2 i + r'^2_\nu \cos^2 i, \\ \dfrac{1}{r^2} = \dfrac{r'^2_\nu \cos^2 i + r'^2_\mu \sin^2 i}{r'^4_\nu \cos^2 i + r'^4_\mu \sin^2 i}, \\ \sin\alpha' = \dfrac{(r'^4_\mu + r'^4_\nu)\cos^2 i \sin^2 i + r'^2_\mu r'^2_\nu}{r'^4_\nu \cos^2 i + r'^4_\mu \sin^2 i}. \end{cases}$$

En portant ces valeurs de p et de α' dans l'équation (10) et en ayant égard aux valeurs de r'_μ, r'_ν qui sont (5) $\rho^2-\nu^2$, $\rho^2-\mu^2$ on aura l'équation de la courbe ellipsoïdale E' en coordonnées elliptiques μ et ν et contenant l'angle i que l'élément de la courbe E' fait avec la ligne de courbure, $\mu =$ const., au point A.

Nous ferons sur la question actuelle deux remarques importantes :

1° La solution précédente se rapporte aussi au cas où, au lieu de connaître la relation qui existe entre p et α' donnée par l'équation (10) de la courbe E, cette courbe serait définie par une relation entre les deux diamètres conjugués r et r'' et l'angle α' compris, appartenant à la section diamétrale tangente à la courbe E au point A. En effet, il suffirait d'éliminer les quantités r, r'', α' au moyen de la seconde des équations (11) et des deux dernières équations (12), et l'on obtiendrait une relation entre r'_μ, r'_ν, i qui serait l'équation de la courbe E'.

2° L'équation (10) de la courbe E, ou bien, d'après ce que nous venons de dire, l'équation de cette courbe exprimée au moyen de r, r'', α', font connaître une propriété caractéristique de la courbe réciproque E' relative au plan tangent au point A' réciproque du point A. En effet, si l'on appelle P' la distance du centre de l'ellipsoïde à ce plan, on a $r'_\mu r'_\nu P' = h^3$, or, si l'on a égard à l'équation (10), l'on trouve,

$$(13) \qquad P'.r''.p = h^3 = P'.r''.f(\alpha')$$

laquelle exprime une propriété relative au plan tangent à l'ellipsoïde en un des points de la courbe E'.

80. *Problème* II. Etant donné l'équation de la courbe E', $F(r'_\mu, r'_\nu, i) = 0$, trouver l'équation de la courbe réciproque E, exprimée par une relation entre r, r'', α'.

Ce problème est inverse du précédent. Les deux premières équations (11) donnent

$$2r'^2_\nu = r^2 + 2r''^2 \sin^2 i + \sqrt{r^4 - 4r''^2 \sin^2 i \cos^2 i},$$

$$2r'^2_\mu = r^2 + 2r''^2 \cos^2 i - \sqrt{r^4 - 4r''^2 \sin^2 i \cos^2 i},$$

or, si l'on multiplie l'une par l'autre et qu'on remplace le premier membre par le produit identique $4r^2 r''^2 \sin^2 \alpha'$ on obtient :

$$\operatorname{tang} 2i = \frac{r^2 \sin 2\alpha'}{r^2 \cos 2\alpha' - r''^2}$$

en ayant égard à ces trois équations, on obtient la relation cherchée entre r, r'', α'.

Problème III. Etant donnée l'équation de la courbe E' exprimée par une relation entre r'_μ, r'_ν et i, trouver l'équation de la courbe réciproque E exprimée par une relation entre r_μ, r_ν et i'; r_μ, r_ν étant les demi-diamètres menés du centre O de l'ellipsoïde parallèlement à ses lignes de courbure au point A de la courbe E, et i', l'angle que le demi-diamètre r'' fait avec r_μ.

Soit l'équation de la courbe E'

$$F(r'_\mu, r'_\nu, i) = 0,$$

on transformera cette équation de telle sorte que les variables soient r, r'', α'; (problème II). Soient α, α'', les angles compris entre r', r''; r, r', on a les trois équations :

$$r^2 + r'^2 + r''^2 = l^2,$$

$$r''^2 r^2 \sin^2 \alpha' + r^2 r'^2 \sin^2 \alpha'' + r'^2 r''^2 \sin^2 \alpha = s^4,$$

$$1 - \cos^2 \alpha - \cos^2 \alpha' - \cos^2 \alpha'' + 2 \cos \alpha \cos \alpha' \cos \alpha'' = \frac{h^3}{rr'r''};$$

lesquelles proviennent des trois relations qui lient les demi-diamètres conjugués de l'ellipsoïde avec les trois axes. Or, si l'on remarque que α' est une fonction de r, r''

donnée par l'équation de la courbe E', après transformation, on a un système de trois équations, qui, par l'élimination de r et de α'', donnent une relation entre α, r', r''. Maintenant, il ne reste plus qu'à appliquer à cette équation, la solution du problème I, pour trouver l'équation de la courbe E en coordonnées elliptiques, ce qui est la solution du problème proposé.

81. *Problème* IV. Etant donnée l'équation d'une courbe ellipsoïdale E' en coordonnées elliptiques μ, ν, i, trouver l'équation différentielle de cette courbe, la différentielle de l'arc, et le rayon de courbure de la section normale.

Soit ds l'élément de cette ligne ellipsoïdale, si l'on considère le quadrilatère infinitésimal, formé par les lignes de courbure de l'ellipsoïde passant par les extrémités de cet élément, en appelant $d_\mu \sigma$, $d_\nu \sigma$ les côtés contigus de ce quadrilatère, relatifs aux variations de μ et de ν, et en remarquant que $d_\mu \sigma$, $d_\nu \sigma$ ont pour projections, sur les trois axes coordonnés, les variations de x, y, z par rapport à μ et à ν, et en posant, pour abréger

$$(14) \quad m^2 = \frac{\rho^2 - \mu^2}{(\mu^2 - b^2)(c^2 - \mu^2)}, \quad n^2 = \frac{\rho^2 - \nu^2}{(b^2 - \nu^2)(c^2 - \nu^2)},$$

l'on aura

$$(15) \quad d_\mu \sigma = m \sqrt{\mu^2 - \nu^2}\, d\mu, \quad d_\nu \sigma = n \sqrt{\mu^2 - \nu^2}\, d\nu.$$

Or, l'angle i est celui que ds fait avec $d_\nu \sigma$, l'on aura donc

$$(16) \quad \begin{cases} \tang i = \dfrac{m\, d\mu}{n\, d\nu}, \\ ds^2 = (\mu^2 - \nu^2)(m^2\, d\mu^2 + n^2\, d\nu^2); \end{cases}$$

si l'on appelle $\mathcal{R}$ le rayon de courbure de la section normale à l'ellipsoïde, faite suivant ds, la formule d'Euler, que nous avons donnée au n° 72, devient en ayant égard aux valeurs de R_μ, R_ν et de P écrites au n° 77,

$$(17) \quad \frac{1}{P\mathcal{R}} = \frac{\cos^2 i}{\rho^2 - \nu^2} + \frac{\sin^2 i}{\rho^2 - \mu^2},$$

ou bien, en éliminant i au moyen de la première des équations (16),

$$\frac{1}{P\mathcal{R}} = \frac{\dfrac{n^2 d\nu^2}{\rho^2 - \nu^2} + \dfrac{m^2 d\mu^2}{\rho^2 - \mu^2}}{m^2 d\mu^2 + n^2 d\nu^2},$$

Soit maintenant $\tang i = \dfrac{N}{M}$ l'équation de la courbe E', M et N étant des fonctions de μ et ν, l'équation différentielle sera

$$(18) \quad Mm\, d\mu - Nn\, d\nu = 0,$$

laquelle, étant intégrée donnera une relation entre μ, ν et une constante arbitraire k.

III

APPLICATIONS.

82. *Lignes de courbure.* — Appliquons la théorie précédente à quelques exemples; occupons-nous en premier lieu des lignes de courbure ellipsoïdales. D'après ce que nous avons établi, la courbe ellipsoïdale E' est une ligne de courbure ellipsoïdale, lorsque la courbe réciproque E, qui est directrice du cône concentrique à l'ellipsoïde, est une ligne orthogonale des arêtes du cône, on a donc pour la courbe E l'équation $p = k$, k étant une constante, avec la condition $\alpha' = \dfrac{\pi}{2}$; d'après cela, la première des équations (12) donne

$$k^2 = (\rho^2 - \mu^2) \cos^2 i + (\rho^2 - \nu^2) \sin^2 i,$$

or, la condition $\alpha' = \frac{\pi}{2}$ entraîne $i = 0$, ou bien $i = \frac{\pi}{2}$; on aura donc, dans le premier cas, $k^2 = \rho^2 - \mu^2$, et dans le second, $k^2 = \rho^2 - \nu^2$; donc les deux lignes de courbure ellipsoïdales sont

$$\mu = \text{const.} , \quad \nu = \text{const.};$$

ce qui confirme ce que nous avons démontré au numéro 78.

Le premier système des lignes de courbure est donné par l'intersection de l'ellipsoïde avec la série des hyperboloïdes à une nappe homofocaux, et le second système est donné par l'intersection de l'ellipsoïde avec la série des hyperboloïdes homofocaux à deux nappes.

Nous avons aussi démontré cette proposition, d'une autre manière, au chapitre Ier, n° 2.

Si l'on applique l'équation (13) au cas actuel, on trouve cette propriété bien connue des lignes de courbure. Pour une ligne de courbure, le rectangle du diamètre parallèle à la tangente et de la distance du centre au plan tangent, reste invariable.

83. *De la Ligne géodésique ellipsoïdale.* — Si la courbe E' est géodésique sur l'ellipsoïde, il faut que la courbe E réciproque soit une ligne géodésique du cône C concentrique à l'ellipsoïde, et passant par cette courbe ; il faut donc que la courbe E devienne une ligne droite lorsqu'on développe le cône sur un plan ; or, pour une ligne droite, la perpendiculaire abaissée du point O sur cette droite est constante ; cela posé, pendant l'enveloppement du plan sur la surface conique, les diverses positions de la droite restent toujours à la même distance du point O, donc les diverses tangentes de la courbe sont à la même distance de ce point. On a donc :

$$r'^2_\mu \sin^2 i + r'^2_\nu \cos^2 i = \text{const.},$$

pour l'équation de la ligne géodésique, ou bien, en représentant par μ_1^2 une constante,

$$(19) \qquad \mu^2 \cos^2 i + \nu^2 \sin^2 i = \mu_1^2.$$

Cette équation a été donnée par M. Liouville. Si l'on y fait $i = 0$, on trouve $\mu = \mu_1$; donc μ_1 est la valeur du demi grand axe de la surface $F(\mu_1)$, qui, par son intersection avec l'ellipsoïde, détermine la ligne de courbure de la série (μ), à laquelle la ligne géodésique est tangente, pourvu que μ^2 soit plus grand que b^2; si l'on a $\mu = b$, l'on obtient l'hyperboloïde limite de la série $F(\mu)$, c'est-à-dire l'hyperbole focale; donc alors, la ligne géodésique passe par l'un des ombilics; si μ_1 est moindre que b, elle représente le demi grand axe de l'hyperboloïde à deux nappes de la série $F(\nu)$, lequel donne la ligne de courbure tangente à la ligne géodésique.

Si l'on fait usage de l'équation (17), on reconnaît que pour tout point d'une ligne géodésique le produit de la perpendiculaire au plan tangent en ce point menée du centre de l'ellipsoïde, par le diamètre ellipsoïdal parallèle à la tangente à la ligne géodésique, reste invariable. Cette propriété est le caractère géométrique des lignes géodésiques.

L'équation différentielle de la ligne géodésique s'obtient en éliminant l'angle i entre l'équation trouvée plus haut et les équations (15); on obtient ainsi :

$$\frac{m\,d\mu}{\sqrt{\mu^2 - \mu_1^2}} + \frac{n\,d\nu}{\sqrt{\mu_1^2 - \nu^2}} = 0,$$

dans laquelle les variables sont séparées.

On trouvera pour la différentielle de l'arc de cette courbe, en remarquant que ds est la somme des projections de $d_\mu \sigma$, $d_\nu \sigma$ sur cet élément

$$ds = m\sqrt{\mu^2 - \mu_1^2}\,.d\mu + n\sqrt{\mu_1^2 - \nu^2}\,.d\nu.$$

Le rayon de courbure de cette ligne sera donné par la formule

$$\frac{1}{\mathcal{R}\mathrm{P}^3} = \frac{\rho^2-\mu_1^2}{h^6},$$

laquelle prouve que, pour une même ligne géodésique tangente à une même ligne de courbure μ_1, le rayon de courbure de la section normale est à raison inverse du cube de la distance du centre de la surface au plan tangent au point que l'on considère.

84. *Sections circulaires.* — On sait que toutes les intersections obtenues par des plans parallèles dans l'ellipsoïde sont des courbes semblables ; cela posé, si par le centre O on mène un demi diamètre parallèle à la tangente en un point de la courbe E' supposée circulaire, il sera situé à la fois et dans le plan de la section circulaire mené par le centre parallèlement au plan de la courbe E' et dans le plan de la section mené parallèlement au plan tangent ; donc ce demi diamètre r'' sera constant. Ainsi la condition pour que la courbe E', soit un cercle est que le demi diamètre, mené parallèlement à la tangente de la courbe E réciproque de E', soit constant et égal au demi axe moyen de l'ellipsoïde. L'équation sera donc $r''^2 = (\rho^2-b^2)$, ou bien

$$\frac{\sin^2 i}{r_\nu^2} + \frac{\cos^2 i}{r_\mu^2} = \frac{1}{\rho^2-b^2}.$$

En ayant égard aux équations (16), on trouve l'équation différentielle

$$\frac{d\nu}{\sqrt{c^2-\nu^2}} = \frac{d\mu}{\sqrt{c^2-\mu^2}},$$

dont l'intégrale est

$$\mu\nu - \sqrt{c^2-\mu^2}\cdot\sqrt{c^2-\nu^2} = \text{const.}$$

Si l'on a égard à la valeur du rayon de courbure $\mathcal{R}$ d'une section droite donnée par la formule 17, l'équation différentielle de la courbe donne

$$\frac{\mathcal{R}}{r'_\mu r'_\nu} = \frac{\rho^2 - b^2}{h^3};$$

le rayon de courbure d'une section droite est dans un rapport constant avec l'aire de la section diamétrale parallèle au plan tangent.

85. *De la sphéro-conique.* — Cette courbe est l'intersection d'une surface du second degré et d'une sphère concentrique. Le demi-diamètre mené au point de la courbe est constant; or, la somme des carrés de ce demi-diamètre et des deux qui lui sont conjugués étant constante, il en résulte que le caractère de la section diamétrale faite par un plan tangent à la courbe réciproque E, est que la somme des carrés des axes de cette section est constante. On aura donc

$$r'^2_\mu + r'^2_\nu = \text{const.},$$

donc l'équation de la courbe en coordonnées elliptiques est

$$\mu^2 + \nu^2 = \text{const.};$$

de là l'on déduit ce théorème.

Si l'on mène une section diamétrale parallèle au plan tangent en un point quelconque de la sphéro-conique, le périmètre du losange formé en joignant les extrémités des axes de cette section, est constant.

Énonçons aussi les théorèmes suivants :

1° En chaque point de la sphéro-conique, la somme des rayons principaux de courbure est proportionnelle à la normale terminée à l'une des sections principales de l'ellipsoïde.

2° En chaque point de la sphéro-conique, la courbure de la surface $\frac{1}{R_\mu R_\nu}$ est en raison inverse de la

4ᵐᵉ puissance de la normale terminée à l'une des sections principales de l'ellipsoïde.

3° Pour chaque point de la courbe, le produit du diamètre parallèle à la tangente par la distance du point réciproque au plan diamétral tangent à la courbe proposée, est invariable.

4° Soient deux arcs géodésiques se coupant sous un angle droit, si le sommet de cet angle parcourt une sphèro-conique tandis que l'un des côtés enveloppe une autre ligne de courbure μ_1^2, l'autre côté enveloppera une ligne de courbure μ_0^2. En effet, la condition pour que deux arcs géodésiques tangents, le premier à la ligne de courbure μ_1^2, et le second, à la ligne de courbure μ_0^2, se coupent sous un angle droit, conduit à l'équation de la sphèro-conique dans laquelle la valeur de la constante est $\mu_0^2 + \mu_1^2$.

86. *De la courbe, lieu des points de contact d'une sphère de rayon constant, doublement tangente à l'ellipsoïde.* — Si nous remarquons que la normale en un point de l'ellipsoïde, terminée à l'un des plans des sections principales, est en raison inverse de la distance du plan tangent au centre de la surface (7), la courbe sera caractérisée par cette condition, qu'en un quelconque de ses points, la distance du plan tangent au centre de l'ellipsoïde est constante. Cette condition donne le caractère de la section diamétrale tangente à la courbe réciproque, car le produit de l'aire de cette section par sa distance au plan tangent étant constant, l'aire de la section le sera aussi ; on a donc $r'_\mu r'_\nu = $ const., et conséquemment

$$(\rho^2-\mu^2)(\rho^2-\nu^2) = \text{const.},$$

dont la différentielle est

$$\frac{\mu d\mu}{\rho^2-\mu^2} + \frac{\nu d\nu}{\rho^2-\nu^2} = 0,$$

ou bien,

$$\frac{(\rho^2-\mu^2)^{3/2}\cos i}{\mu\sqrt{\mu^2-b^2}\sqrt{c^2-\mu^2}} = \frac{(\rho^2-\nu^2)^{3/2}\sin i}{\nu\sqrt{b^2-\nu^2}\sqrt{c^2-\nu^2}}.$$

Il est aisé de reconnaître que cette courbe jouit de cette propriété, qu'en chacun de ses points la courbure de l'ellipsoïde est constante, et que sa courbure sphérique est proportionnelle au carré du périmètre du losange obtenu en joignant les extrémités des axes de la section diamétrale ellipsoïdale parallèle au plan tangent.

Le rayon de courbure d'une section normale de la courbe, est proportionnel au carré du diamètre parallèle à l'élément de cette courbe.

87. *Courbe telle que si l'on construit le losange inscrit dans la section diamétrale tangente à la courbe réciproque, ce losange enveloppe une courbe sphérique de même centre que l'ellipsoïde.* — Si l'on représente par k une constante, l'équation de la courbe sera :

$$\frac{2}{k^2} = \frac{1}{r'^2_\mu} + \frac{1}{r'^2_\nu},$$

ou bien

$$\frac{2}{k^2} = \frac{1}{\rho^2-\nu^2} + \frac{1}{\rho^2-\mu^2}.$$

L'on voit, en premier lieu, que si la constante k^2 prend l'une des trois valeurs, ρ^2-c^2, ρ^2, ρ^2-b^2, la normale terminée au plan de l'une des trois sections principales de l'ellipsoïde, sera moyenne harmonique entre les deux rayons principaux de courbure, puisque l'on aura, suivant l'un de ces trois cas,

$$\frac{2}{N_z} = \frac{1}{R_\mu} + \frac{1}{R_\nu}, \quad \frac{2}{N_x} = \frac{1}{R_\mu} + \frac{1}{R_\nu}, \quad \frac{2}{N_y} = \frac{1}{R_\mu} + \frac{1}{R_\nu}.$$

Dans le cas où k^2 aura une valeur quelconque, l'on aura, n° 77

$$\frac{2P}{k^2} = \frac{1}{R_\mu} + \frac{1}{R_\nu}.$$

L'équation différentielle de l'équation proposée est :

$$\frac{\nu d\nu}{(\rho^2-\nu^2)^2} + \frac{\mu d\mu}{(\rho^2-\mu^2)^2} = 0,$$

de laquelle on déduit :

$$\frac{(\rho^2-\mu^2)^{1/2}\cos i}{\mu\sqrt{\mu^2-b^2}\sqrt{c^2-\mu^2}} - \frac{(\rho^2-\nu^2)^{1/2}\sin i}{\nu\sqrt{\nu^2-b^2}\sqrt{\nu^2-c^2}} = 0.$$

IV

DES ANGLES ET DES POLYGONES GÉODÉSIQUES.

88. *Des angles géodésiques.* — Si l'on résout l'équation (19) par rapport à tang i, on trouve deux valeurs égales et de signes contraires ; donc,

Théorème I. — Si d'un point M pris sur l'ellipsoïde on mène deux arcs géodésiques tangents à une même ligne de courbure, ils forment, en ce point, des angles égaux avec chacune des lignes de courbure passant par ce point, et réciproquement.

Du même point M menons deux arcs géodésiques tangents, le premier à la ligne de courbure μ_1, le second à la ligne de courbure μ_2, on aura en appelant i_1, i_2 les angles qu'ils font avec la ligne de courbure du système (μ)

$$\frac{\sin^2 i_1}{\sin^2 i_2} = \frac{\mu_1^2-\mu^2}{\mu_2^2-\mu^2};$$

Théorème II. — Le lieu des points tels que les sinus des angles que les deux arcs géodésiques, menés de ces points tangentiellement à deux lignes de courbure μ_1, μ_2, sont dans un rapport constant, est une ligne de courbure μ, et réciproquement.

Corollaire. — Le rapport des sinus étant indépendant de ρ, il restera le même quel que soit l'ellipsoïde de la série $F(\rho)$ que l'on considère ; donc, si l'on conçoit une série d'ellipsoïdes homofocaux et que, sur chacun d'eux, à partir d'un point M pris sur l'intersection de cet ellipsoïde avec l'hyperboloïde $F(\mu)$ homofocal, on mène des arcs géodésiques tangents aux intersections de cet ellipsoïde avec deux hyperboloïdes homofocaux $F(\mu_1)$, $F(\mu_2)$, le rapport des sinus des angles que ces deux arcs géodésiques forment avec la ligne de courbure μ de cet ellipsoïde, reste constant, quel que soit l'ellipsoïde de la série que l'on considère.

Si l'on appelle $\mathcal{R}_1$, $\mathcal{R}_2$ les rayons de courbure au point M, de deux arcs géodésiques, menés de ce point tangentiellement aux lignes de courbure μ_1 et μ_2, l'on aura d'après la formule (21)

$$\frac{\mathcal{R}_2}{\mathcal{R}_1} = \frac{\rho^2 - \mu_1^2}{\rho^2 - \mu_2^2};$$

Théorème III. — Si, d'un point de l'ellipsoïde, l'on mène deux arcs géodésiques tangents aux deux lignes de courbure μ_1, μ_2, le rapport des rayons de courbure de ces deux arcs en ce point, est constant.

Corollaire. — Si une ligne de courbure est coupée par une série de lignes géodésiques telles qu'aux points d'intersection, le rapport des rayons de courbure des deux lignes soit le même, les lignes de cette série enveloppent une ligne de courbure.

89. *Des Polygones géodésiques.* — On appelle ainsi des polygones formés par des arcs géodésiques tracés sur une surface.

Les théorèmes suivants se rapportent aux surfaces du second ordre.

Théorème I. — Si un polygone géodésique est circonscrit à une même ligne de courbure, le produit des rapports des sinus des angles que les deux côtés correspondant à chaque sommet font avec les lignes de courbure passant par ce sommet, reste constant, pourvu que dans chaque rapport le numérateur se rapporte au côté déterminé par le dénominateur du rapport précédent.

Corollaire 1. — Si un polygone géodésique, venant à se déformer, reste circonscrit à une même ligne de courbure, et que tous les sommets moins un, parcourent des lignes de courbure, le dernier sommet décrira une ligne de courbure.

Corollaire 2. — Pendant la déformation du polygone soumis aux conditions précédentes, l'intersection de deux côtés quelconques décrit une ligne de courbure.

Théorème II. — Si un polygone géodésique est inscrit à une même ligne de courbure, le produit des rapports des sinus des angles que les deux côtés correspondant à chaque sommet, font avec la ligne de courbure passant par ce sommet, reste constant, pourvu que dans chaque rapport le numérateur se rapporte au côté déterminé par le dénominateur du rapport précédent.

Corollaire 1. — Si un polygone géodésique, venant à se déformer, reste inscrit à une même ligne de courbure, et que tous ses côtés moins un restent tangents à autant de lignes de courbure, le dernier côté enveloppera une ligne de courbure.

Corollaire 2. — Pendant la déformation du polygone soumis aux conditions précédentes, une diagonale quelconque enveloppe une ligne de courbure.

Théorème III. — Si l'on considère deux polygones géodésiques, tellement liés entre eux, que les sommets du second se trouvent situés respectivement sur les mêmes lignes de courbure sur lesquelles sont situés les sommets du premier, les produits des sinus des angles que les deux côtés correspondant à chaque sommet font avec la ligne de courbure qui passe par ce sommet, seront les mêmes dans les deux polygones ; ces produits étant formés dans l'ordre indiqué ci-dessus.

Théorème IV. — Dans un polygone géodésique, le produit des rapports des rayons de courbure des deux côtés, aux différents sommets, est constant, pourvu que, dans chaque rapport le numérateur se rapporte au côté déterminé par le dénominateur du rapport précédent.

90. *Des rayons de courbure géodésique des lignes de courbure.* — On appelle courbure géodésique d'une courbe tracée sur une surface la projection de la courbure de cette courbe sur le plan tangent à la surface au point que l'on considère. Si l'on remarque que le rayon de courbure géodésique $\mathcal{R}_g$ de la ligne de courbure μ n'est autre que le rayon principal de courbure de la surface $F(\mu)$ suivant sa ligne de courbure $\rho =$ const.; si l'on appelle $\mathfrak{N}_g$ la normale à la ligne de courbure μ de la surface de l'ellipsoïde située dans le plan tangent, et terminée au plan des xz, l'on aura, en employant les permutations rotatoires dans les expressions (6) du n° 77, les formules suivantes:

$$\mathfrak{N}_g = \frac{\mu^2-b^2}{\mu} \frac{\sqrt{\mu^2-\rho^2}\sqrt{\mu^2-\nu^2}}{\sqrt{\mu^2-b^2}\sqrt{\mu^2-c^2}}, \quad \mathcal{R}_g = \frac{\mu^2-\nu^2}{\mu} \frac{\sqrt{\mu^2-\nu^2}\sqrt{\mu^2-\nu^2}}{\sqrt{\mu^2-b^2}\sqrt{\mu^2-c^2}},$$

or, si l'on a égard à la valeur du sinus de l'angle i que l'arc géodésique ombilical tracé sur l'ellipsoïde, fait avec la ligne de courbure μ, on obtient les théorèmes suivants :

I. — La normale $\mathfrak{N}_g$ d'une ligne de courbure ellipsoïdale, située dans le plan tangent et terminée au plan principal de la section moyenne de l'ellipsoïde, s'obtient en projetant le rayon de courbure géodésique de la ligne de courbure sur la direction du premier élément de l'arc géodésique ombilical, et en projetant cette projection sur la normale :

$$\mathfrak{N}_g = \mathcal{R}_g \sin^2 i.$$

II. — Si, en un point d'une ligne de courbure ellipsoïdale, on mène une normale à cette ligne située dans le plan tangent et terminée au plan de la section moyenne de l'ellipsoïde, et qu'on projette cette normale sur la direction du premier élément de l'arc géodésique ombilical mené de ce point, la projection sera constante.

$$\mathcal{R}_g \sin i = \frac{\mu^2 - b^2}{\mu} \sqrt{\frac{\mu^2 - b^2}{\mu^2 - c^2}}.$$

III. — Les mêmes choses étant posées que dans le théorème I, si l'on projette successivement sur la direction du premier élément de l'arc géodésique ombilical et sur la direction de la normale le rayon de courbure géodésique de la ligne de courbure et ses projections successives, la troisième projection sera constante pour un point quelconque de la ligne de courbure.

$$\mathcal{R}_g \sin^3 i = \frac{\mu^2 - b^2}{\mu} \sqrt{\frac{\mu^2 - b^2}{\mu^2 - c^2}}.$$

Ces théorèmes et quelques autres sont extraits d'une communication que nous avons faite à l'Institut. Voyez comptes rendus 1860. Ils sont la généralisation de l'élégante construction du rayon de courbure d'une conique donnée par Newton dans le livre des Principes.

V

DES TRAJECTOIRES.

91. *Des trajectoires orthogonales des lignes ellipsoïdales.* — La théorie que nous avons exposée se prête avec une égale facilité à la solution du problème des trajectoires tracées sur les surfaces du second degré.

Soit $f(r'_\mu, r'_\nu, i)$ la propriété caractéristique de la courbe par rapport à la section diamétrale tangente à la courbe réciproque, cherchons la relation entre r'_μ, r'_ν, et i' qui caractérise la trajectoire. On tirera de là première équation $\sin i$ et $\cos i$ en fonction de r'_μ, r'_ν soient $\varphi(r'_\mu, r'_\nu)$

$\psi(r'_\mu, r'_\nu)$ ces deux fonctions ; si l'on appelle θ l'angle sous lequel les deux courbes se coupent, l'équation de la trajectoire sous l'angle θ, sera :

$$\cos\theta = \varphi(r'_\mu, r'_\nu)\sin i' + \psi(r'_\mu, r'_\nu)\cos i'.$$

Si la trajectoire est orthogonale et que l'équation de la courbe proposée soit mise sous la forme :

$$\frac{\sin i}{M} - \frac{\cos i}{N} = 0,$$

l'équation de la trajectoire sera :

$$M\sin i' + N\cos i' = 0,$$

ce qui revient à dire que les équations différentielles des deux courbes sont :

$$(20) \quad \left\{ \frac{md\mu}{M} - \frac{nd\nu}{N} = 0, \; Mmd\mu + Nnd\nu = 0. \right\}$$

92. *Trajectoires orthogonales des courbes cylindro-elliptiques.* — Considérons la série des courbes d'intersection de l'ellipsoïde avec des cylindres semblables dont les axes finis A et B, coïncident en direction avec les axes ρ, $\sqrt{\rho^2-b^2}$ de l'ellipsoïde. Si l'on pose pour abréger

$$l^2 = \frac{A^2 c^2 b^2 (\rho^2-b^2)}{B^2 \rho^2 (c^2-b^2) + A^2 c^2 (b^2-\rho^2)},$$

l'équation de ces cylindres sera

$$\mu^2\nu^2 + l^2(\mu^2 + \nu^2) = \text{const.},$$

dont l'équation différentielle est :

$$\frac{\mu d\mu}{\mu^2 + l^2} + \frac{\nu d\nu}{\nu^2 + l^2} = 0.$$

D'après cela, l'équation de la trajectoire sera :

$$\frac{(\nu^2-\rho^2)(\nu^2+l^2)\,d\nu}{(\nu^2-b^2)(\nu^2-c^2)\,\nu} = \frac{(\rho^2-\mu^2)(\mu^2+l^2)\,d\mu}{(\mu^2-b^2)(\mu^2-c^2)\,\mu},$$

dans laquelle les variables sont séparées. Si l'on suppose que les trois demi-axes de l'ellipsoïde sont ρ, ρ_1, ρ_2 et que l'on pose pour abréger,

$$A_1 = \frac{-\rho^2 l^2}{(\rho^2-\rho_1^2)(\rho^2-\rho_2^2)};\ B_1 = \frac{-\rho_1^2(l^2+b^2)}{(\rho_1^2-\rho^2)(\rho_1^2-\rho_2^2)};\ C_1 = \frac{-\rho_2^2(l^2+b^2)}{(\rho_2^2-\rho^2)(\rho_2^2-\rho_1^2)},$$

les méthodes d'intégration des fonctions rationnelles conduisent à l'intégrale suivante :

$$(\mu^2\nu^2)^{A_1} \times \{(\nu^2-b^2)(\mu^2-b^2)\}^{B_1} \times \{(\nu^2-c^2)(\mu^2-c^2)\}^{C_1} = \text{const.},$$

laquelle, dans le système cartésien, devient :

$$x^{A_1}.y^{B_1}.z^{C_1} = \text{const.}$$

93. *Applications du problème précédent.* — Si l'on cherche les trajectoires orthogonales des intersections faites par des plans parallèles à l'un des trois plans principaux de l'ellipsoïde, on trouvera :

1° Pour les intersections faites par un plan parallèle au plan de la section ellipsoïdale maximum, l'équation :

$$\mu^2\nu^2 - c^2(\mu^2+\nu^2) = \text{const.},$$

et pour sa trajectoire orthogonale, l'équation :

$$x^{\rho^2} y^{b^2-\rho^2} = \text{const.}$$

2° Pour les intersections faites par un plan parallèle au plan de la section ellipsoïdale moyenne et leurs trajectoires orthogonales, les équations :

$$\mu^2\nu^2 - b^2(\mu^2 + \nu^2) = \text{const.},$$

$$x^{\rho^2} \cdot y^{\rho^2-c^2} = \text{const.}$$

3° Pour les intersections faites par un plan parallèle au plan de la section ellipsoïdale minimum et leurs trajectoires orthogonales, les équations :

$$\mu\nu = \text{const}, \quad y^{(b^2-\rho^2)} \cdot z^{(\rho^2-c^2)} = \text{const.}$$

Elles se déduisent des formules trouvées dans le n° précédent en y faisant successivement l^2 égal à $-c^2, -b, 0$.

Les trajectoires des courbes lieux des points de contact des sphères de rayon constant doublement tangentes à l'ellipsoïde, se déduisent aussi de l'analyse précédente. La comparaison de l'équation de ces courbes donnée dans le n° 86, avec l'équation de courbes cylindro-elliptiques donnée dans le numéro précédent, montre qu'il suffit de poser $l^2 = \rho^2$ dans les formules de ce numéro, on trouve alors pour les courbes orthogonales l'équation :

$$x^\alpha \cdot y^\beta \cdot z^\gamma = \text{const.}$$

Dans laquelle il faut poser

$$\alpha = \frac{\rho^4}{(\rho^2-\rho_1^2)(\rho^2-\rho_2^2)}, \quad \beta = \frac{\rho_1^4}{(\rho_1^2-\rho^2)(\rho_1^2-\rho^2)}, \quad \gamma = \frac{\rho_2^4}{(\rho_2^2-\rho^2)(\rho^2-\rho_1^2)}.$$

Les mêmes formules donnent aussi les trajectoires orthogonales des sphéro-coniques dont l'équation a été donnée au n° 85. En effet, l'inspection de cette équation montre qu'il suffit de faire $l^2 = \infty$ dans les équations du précédent numéro pour avoir les trajectoires des sphéro-coniques. L'équation de ces courbes est donc

$$x^{\frac{\rho^2}{b^2c^2}} \cdot y^{\frac{\rho^2-b^2}{b^2(b^2-c^2)}} \cdot z^{\frac{\rho^2-c^2}{c^2(c^2-b^2)}} = \text{const.}$$

94. *Trajectoires orthogonales des intersections de l'ellipsoïde avec des surfaces du second degré, ayant entre elles une intersection commune.* — Soit l'équation des surfaces du second degré ayant même intersection

$$\left(\frac{x^2}{M^2} + \frac{y^2}{N^2} + \frac{z^2}{P^2} - 1\right) = \lambda \left(\frac{x^2}{M_1^2} + \frac{y^2}{N_1^2} + \frac{z^2}{P_1^2} - 1\right),$$

dans laquelle, M, N, P, M_1, N_1, P_1, sont les demi-axes des deux surfaces qui déterminent la courbe d'intersection commune, et λ un paramètre, qui, dans la question qui nous occupe, doit prendre toutes les valeurs possibles.

Si l'on passe aux coordonnées elliptiques, que l'on représente par f, g, h des constantes, on trouve pour l'équation différentielle de la courbe d'intersection de la surface représentée par l'équation précédente avec l'ellipsoïde,

$$\frac{\mu\, d\mu}{f\mu^4 + g\mu^2 + h} + \frac{\nu\, d\nu}{f\nu^4 + g\nu^2 + h} = 0.$$

L'équation différentielle de la trajectoire sera :

$$\frac{m^2}{\mu}(f\mu^4 + g\mu^2 + h)\, d\mu - \frac{n^2}{\nu}(f\nu^4 + g\nu^2 + h)\, d\nu = 0$$

dans laquelle les variables sont séparées.

Posons pour abréger

$$\rho^2 f - g - f(b^2 + c^2) = \alpha^2$$

$$\rho^2 g - h - f b^2 c^2 = \beta^4$$

l'équation précédente pourra s'écrire sous la forme :

$$-f(\mu\, d\mu + \nu\, d\nu) + \frac{\alpha^2 \mu^4 + \beta^4 \mu^2 + \rho^2 h}{\mu(\mu^2 - b^2)(\mu^2 - c^2)}\, d\mu$$

$$+ \frac{\alpha^2 \nu^4 + \beta^4 \nu^2 + \rho^2 h}{\nu(\nu^2 - b^2)(\nu^2 - c^2)}\, d\nu = 0.$$

Si nous représentons par $\alpha\mu_1^2$, $-\alpha\mu_2^2$ les racines de l'équation du second degré que l'on obtient en égalant à zéro le numérateur de l'une des deux fractions contenues dans l'équation précédente, cette équation devient :

$$\frac{f}{\alpha^2}(\mu d\mu + \nu d\nu) = \frac{(\mu^2-\mu_1^2)(\mu^2+\mu_2^2)}{\mu(\mu^2-b^2)(\mu^2-c^2)}d\mu + \frac{(\nu^2-\mu_1^2)(\nu^2+\mu_2^2)}{\nu(\nu^2-b^2)(\nu^2-c^2)}d\nu.$$

Si, maintenant, on se reporte au n° 92, on voit que l'on y trouve l'intégrale du second membre de l'équation précédente, en y changeant ρ^2 en μ_1^2 et l^2 en μ_2^2. Donc si l'on pose

$$A_2 = -\frac{\mu_1^2\mu_2^2}{b^2c^2}, \quad B_2 = -\frac{(\mu_1^2-b^2)(\mu_2^2+b^2)}{b^2(b^2-c^2)},$$

$$C_2 = -\frac{(\mu_1^2-c^2)(\mu_2^2+c^2)}{c^2(c^2-b^2)},$$

l'intégrale de l'équation sera :

$$\frac{f}{\alpha^2}(\mu^2+\nu^2) = \text{Log}\frac{1}{k}\left\{(\mu^2\nu^2)^{A_2}[(\mu^2-b^2)(\nu^2b^2)]^{B_2}[(\mu^2-c^2)(\nu^2-c^2)]^{C_2}\right\},$$

$\frac{1}{k}$ étant la constante d'intégration. De cette équation on déduit, en passant aux coordonnées rectilignes, l'équation suivante :

$$x^{2A_2} y^{2B_2} z^{2C_2} = k \cdot e^{\frac{f}{\alpha^2}(x^2+y^2+z^2)}.$$

C'est l'équation d'une série de surfaces dont les intersections avec l'ellipsoïde proposé, sont les courbes orthogonales des courbes ellipsoïdales proposées.

Il est maintenant aisé de reconnaître que les numérateurs des expressions auxiliaires A_2, B_2, C_2 ne sont autres que les valeurs que l'on obtient en remplaçant successivement μ^2 par 0, b^2 et c^2, dans le numérateur de l'une des fractions qui sont dans l'équation différentielle proposée.

95. *Applications du problème précédent.* — Cherchons, en premier lieu, les trajectoires orthogonales des courbes d'intersection de l'ellipsoïde et d'un plan passant par l'un de ses trois axes. Suivant que le plan passera par le grand, le moyen ou le petit axe, on aura, pour représenter les courbes et leurs trajectoires orthogonales, l'un des trois systèmes d'équations dans lesquelles on a posé $\iota^2 = x^2 + y^2 + z^2$,

$$z = ky \quad ; \quad x^2 = ke^{\frac{\iota^2}{\rho^2}},$$

$$x = kz \quad ; \quad y^2 = ke^{\frac{\iota^2}{\rho^2-b^2}},$$

$$y = kx \quad ; \quad z^2 = ke^{\frac{\iota^2}{\rho^2-c^2}}.$$

Ce qui montre que les trajectoires des courbes en question sont données par l'intersection de l'ellipsoïde avec des surfaces de révolution autour de l'un des trois axes de la surface.

2° Cherchons les trajectoires orthogonales des courbes telles qu'en un point quelconque le plan tangent soit également incliné sur l'un des plans principaux, par exemple, le plan de la section principale maximum.

L'équation différentielle de la courbe sera :

$$\frac{\mu d\mu}{(\rho^2-\mu^2)(c^2-\mu^2)} + \frac{\nu d\nu}{(\rho^2-\nu^2)(c^2-\nu^2)} = 0;$$

l'équation différentielle de la trajectoire,

$$\frac{(\rho^2-\mu^2)^2 d\mu}{\mu(\mu^2-b^2)} + \frac{(\rho^2-\nu^2)^2 d\nu}{\nu(\nu^2-b^2)} = 0$$

qui rentre dans le type différentiel que nous avons étudié dans le précédent numéro. L'intégrale dans laquelle v a la même signification que ci-dessus est

$$y^{\frac{2(b^2-\rho^2)^2}{b^2}} \times x^{\frac{-2c^4}{b^2}} = k e^{-v^2}$$

On trouvera avec la même facilité les trajectoires orthogonales des courbes pour un point quelconque desquelles le diamètre, mené en ce point, est également incliné sur la normale.

VI

DES COURBES CONJUGUÉES.

96. *Des Courbes conjuguées.* — Nous appelons courbe conjuguée d'une famille de courbes données, la trajectoire coupant chaque courbe de la famille, de telle sorte que les tangentes aux points d'intersection aient la direction de deux diamètres conjugués de l'ellipsoïde.

Soit $f(r'_\mu, r'_\nu, i) = 0$ l'équation différentielle de la famille des courbes données, si l'on conserve les notations employées au n° 91, l'équation différentielle de la courbe conjuguée s'obtiendra en éliminant i entre l'équation proposée et la suivante

$$\tang i \tang i' = -\frac{r'^2_\nu}{r'^2_\mu};$$

et conséquemment la relation

$$r'^2_\mu \varphi(r'_\mu, r'_\nu) \sin i' + r'^2_\nu \psi(r'_\mu, r'_\nu) \cos i' = 0,$$

sera l'équation différentielle des courbes conjuguées des courbes données.

Si celle-ci avait pour équation

$$\frac{\sin i}{M} - \frac{\cos i}{N} = 0,$$

l'équation de la conjuguée serait

$$\frac{M}{\rho^2-\mu^2} \sin i + \frac{N}{\rho^2-\nu^2} \cos i = 0;$$

ce qui revient à dire que les équations différentielles des deux courbes sont

(21) $\quad \left\{ \dfrac{m}{M} d\mu - \dfrac{n}{N} d\nu = 0, \quad \dfrac{Mm}{\rho^2-\mu^2} d\mu + \dfrac{Nn}{\rho^2-\nu^2} d\nu = 0. \right\}$

Les intégrales $F(\mu, \nu) = k$, $F_1(\mu, \nu) = k_1$, satisferont à la condition demandée.

Il est bon de remarquer que l'on passe de l'équation différentielle des trajectoires orthogonales d'une courbe donnée à l'équation différentielle des conjuguées de la même courbe, en divisant le premier terme de l'équation des trajectoires par $\rho^2-\mu^2$ et le second terme par $\rho^2-\nu^2$.

97. *Application à quelques exemples.* — 1° Cherchons les courbes conjuguées des lignes cylindro-elliptiques. En se reportant au n° 92 et en usant de la remarque que nous venons de faire au numéro précédent, on trouve pour équation différentielle des courbes conjuguées

$$\frac{(\mu^2+l^2) d\mu}{\mu (\mu^2-b^2)(\mu^2-c^2)} + \frac{(\nu^2+l^2) d\nu}{\nu (\nu^2-b^2)(\nu^2-c^2)} = 0.$$

Cette équation différentielle ne diffère pas de l'équation différentielle de la trajectoire orthogonale des sphéro-coniques, pourvu que, dans celle-ci, l'on change ρ^2 en $-l^2$. Donc l'équation des courbes conjuguées des lignes cylindro-elliptiques sera, n° 93,

$$x^{l^2(b^2-c^2)} y^{(l^2+b^2)c^2} z^{(l^2+c^2)b^2} = \text{const.}$$

2° Cherchons les lignes conjuguées des sphéro-coniques. — En se reportant au n° 93, on trouve que l'équation différentielle de ces lignes est

$$\frac{d\mu}{\mu(\mu^2-b^2)(\mu^2-c^2)} + \frac{d\nu}{\nu(\nu^2-b^2)(\nu^2-c^2)} = 0,$$

dont l'intégrale est, en passant aux coordonnées rectilignes.

$$x^{\rho_2^2-\rho_1^2} y^{\rho^2-\rho_2^2} z^{\rho_1^2-\rho^2} = \text{const.}$$

Les exposants ne dépendant que des distances focales, cette surface sera la même lorsque les sphéro-coniques seront tracées sur des surfaces homofocales de l'ellipsoïde proposé. Donc les intersections de la série des surfaces que nous venons de trouver, avec une série de surfaces du second degré homofocales à l'ellipsoïde, sont, sur chacune de ces surfaces, les conjuguées des sphéro-coniques. On déduit de là la proposition suivante :

Théorème. — Une série de surfaces données par l'équation précédente et une série de sphères concentriques, tracent, sur chacune des surfaces du second degré homofocales de l'ellipsoïde, un réseau de courbes conjuguées.

3° Il sera également facile de déduire de ce qui précède les courbes conjuguées des intersections faites par des plans parallèles à l'un des trois plans principaux de l'ellipsoïde, car, en se reportant au n° 93, on voit qu'il suffit de changer dans l'équation traitée au commencement du présent numéro, successivement l^2 en $-c^2$, $-b^2$, et 0 pour obtenir les lignes conjuguées des intersections faites par un plan perpendiculaire à l'axe minimum, à l'axe moyen, à l'axe maximum de l'ellipsoïde; on trouve ainsi les trois équations

$$\frac{y}{x} = \text{const.} \; , \; \frac{x}{z} = \text{const.} \; , \; \frac{z}{y} = \text{const.}$$

On déduit de là que les intersections faites par une série de plans perpendiculaires à l'un des trois axes de l'ellipsoïde, ont pour lignes conjuguées les intersections faites par une autre série de plans qui passent par cet axe.

98. *Question inverse.* — Proposons-nous de trouver les lignes conjuguées des intersections de l'ellipsoïde avec la

série des surfaces contenues dans l'équation suivante, dans laquelle α, β, γ, sont des constantes,

$$x^\alpha y^\beta z^\gamma = \text{const}.$$

Si l'on passe aux coordonnées elliptiques et qu'on prenne la différentielle, l'on obtient :

$$\left(\frac{\alpha}{\mu^2}+\frac{\beta}{\mu^2-b^2}+\frac{\gamma}{\mu^2-c^2}\right)\mu d\mu + \left(\frac{\alpha}{\nu^2}+\frac{\beta}{\nu^2-b^2}+\frac{\gamma}{\nu^2-c^2}\right)\nu d\nu = 0$$

Or, si l'on pose, pour abréger, les relations

$$\alpha+\beta+\gamma=f,\ b^2(\alpha+\gamma)+c^2(\alpha+\beta)=g,\ \alpha b^2 c^2 = h,$$

l'équation différentielle des courbes conjuguées sera :

$$\frac{\mu d\mu}{f\mu^4+g\mu^2+h} + \frac{\nu d\nu}{f\nu^4+g\nu^2+h} = 0,$$

dont l'intégrale est

$$\text{arc}\left(\tang = \frac{2f\mu^2+g}{\sqrt{4hf-g^2}}\right)$$
$$+ \text{arc}\left(\tang = \frac{2f\nu^2+g}{\sqrt{4hf-g^2}}\right) = \text{const}.$$

Si l'on prend la tangente trigonométrique des deux membres et qu'on revienne aux coordonnées rectilignes, on obtient l'équation

$$x^2+y^2+z^2-R^2 = \lambda\{R_1^2 - Ax^2 - y^2 - z^2\},$$

dans laquelle R, R_1, A sont des fonctions des constantes α, β, γ, et des axes de l'ellipsoïde, et, λ est la constante arbitraire introduite par l'intégration. Elle représente une série de surfaces assujéties à passer par l'intersection d'une sphère et d'une surface de révolution du second degré concentriques ; il est facile de reconnaître que cette intersection est un cercle. Cette série de surfaces coupe la surface ellipsoïdale suivant des courbes conjuguées des courbes proposées.

99. *Courbes conjuguées des sections circulaires.* — Si l'on opère sur l'équation différentielle de ces sections donnée dans le n° 84, on obtient pour l'équation différentielle des lignes conjuguées,

$$\frac{d\mu}{(\mu^2-b^2)\sqrt{c^2-\mu^2}} \pm \frac{d\nu}{(\nu^2-b^2)\sqrt{c^2-\nu^2}} = 0.$$

L'intégrale de cette équation ne rentre dans aucun des types des équations précédentes. Pour intégrer le premier terme, nous prendrons une variable auxiliaire φ liée avec μ par la relation $\mu = c \sin \varphi$. Ce premier terme devient alors

$$\frac{-\dfrac{d\varphi}{\cos^2 \varphi}}{b^2 + (b^2-c^2) \tang^2 \varphi},$$

qui est la différentielle exacte de la fonction

$$\frac{1}{b} \cdot \frac{1}{\sqrt{b^2-c^2}} \cdot \arc\left(\tang = \frac{\sqrt{b^2-c^2}}{b} \tang \varphi \right),$$

donc l'intégrale de l'équation différentielle proposée sera, en revenant aux variables, μ et ν ;

$$\arc\left(\tang = \frac{\mu \sqrt{b^2-c^2}}{b \sqrt{c^2-\mu^2}}\right) + \arc\left(\tang = \frac{\nu \sqrt{b^2-c^2}}{b \sqrt{c^2-\nu^2}}\right) = \text{const.}$$

Si maintenant on prend la tangente des deux membres, et qu'on élève au carré, en représentant par k une constante, l'on trouve

$$c^2(\mu^2+\nu^2) - 2\mu^2\nu^2 + 2\mu\nu \sqrt{c^2-\mu^2}\sqrt{c^2-\nu^2}$$
$$= k^2 \{b^2 \sqrt{c^2-\mu^2}\sqrt{c^2-\nu^2} + (b^2-c^2)\mu\nu\}^2$$

si l'on passe aux coordonnées rectilignes, l'on obtient l'équation d'une surface du second degré que l'on peut écrire sous la forme suivante, k_1 étant une nouvelle constante,

$$\frac{x^2}{\rho^2} + \frac{y^2}{\rho^2-b^2-c^2} + \frac{z^2}{\rho^2-c^2} - 1 = k_1^2 \left\{ \frac{bz}{\sqrt{\rho^2-c^2}} + \frac{\sqrt{c^2-b^2}}{\rho} x \right\}^2$$

elle représente une série de surfaces ayant une même courbe de contact, laquelle n'est autre chose que l'intersection du plan des sections circulaires passant par l'axe des y, et d'un ellipsoïde concentrique avec l'ellipsoïde proposé, ayant même axe maximum et même axe suivant oz, et dont l'axe suivant oy serait égal à $\sqrt{\rho^2-b^2-c^2}$.

Ces surfaces coupent l'ellipsoïde proposé suivant une série de courbes planes qui sont les lignes conjuguées des sections circulaires. Ces courbes planes sont données par la série des plans dont on obtient l'équation, en retranchant l'équation de l'ellipsoïde proposé de l'équation précédente,

$$\frac{c}{\sqrt{\rho^2-b^2}} \cdot \frac{y}{\sqrt{\rho^2-b^2-c^2}} - k \left\{ \frac{bz}{\sqrt{\rho^2-c^2}} + \frac{\sqrt{c^2-b^2}}{\rho} x \right\} = 0.$$

Il est aisé de reconnaître que tous ces plans passent par une des deux droites qui est l'intersection du plan des zx et de l'un des deux plans des sections circulaires de l'ellipsoïde proposé qui contiennent l'axe des y. On déduit de là le théorème suivant :

Si par les deux droites d'intersection des deux plans des sections circulaires qui passent par l'axe moyen de l'ellipsoïde avec le plan de la section principale moyenne de cette surface, on mène tous les plans possibles, leurs intersections avec l'ellipsoïde seront les courbes conjuguées des sections circulaires.

VII

DES COORDONNÉES BIPOLAIRES.

100. *Des Coordonnées bipolaires.* — Dans le système de coordonnées bipolaires, un point quelconque est déterminé sur la surface de l'ellipsoïde par les distances de ce point à deux points fixes et, plus généralement, par ses distances aux points de contact de deux tangentes menées de ce point à deux sphères déterminées. Or, si l'on choisit deux sphères ombilicales, c'est-à-dire deux sphères doublement tangentes à l'ellipsoïde en ses ombilics, et ayant leurs centres situés sur le grand axe (voyez chapitre Ier, n° 7), en représentant par τ, τ' ces deux tangentes, l'on aura, pour passer du système elliptique au système bipolaire que nous venons de définir, les deux équations :

$$(22) \qquad \{ 2\mu = \tau + \tau', \quad 2\nu = \tau - \tau'. \}$$

Elles montrent directement que pour les lignes de courbure ellipsoïdales de la première et de la seconde série, la somme ou la différence des deux tangentes aux sphères ombilicales dont les centres sont situés sur le grand axe de l'ellipsoïde, est constante. Ce théorème est dû à M. Valson. Mais il est aisé de voir, comme nous l'avons établi dans le chapitre Ier, que le même théorème existe aussi pour les deux sphères ombilicales réelles dont les centres sont situés sur le petit axe, et par les deux sphères imaginaires relatives à l'axe moyen.

On verra directement 1° que, pour la sphéro-conique, la somme des carrés des tangentes est constante ;

2° Que pour les courbes d'intersection d'une surface de révolution dont une aplanétique serait la courbe méridienne, le produit des deux tangentes est constant, etc.;

3° Que si l'on cherche les trajectoires orthogonales des intersections d'une série de sphères concentriques à l'une des sphères ombilicales avec l'ellipsoïde, l'on trouvera l'équation

$$\left\{\frac{\tau^2 - (\frac{b}{2} - \tau')^2}{\tau^2 - (\frac{b}{2} + \tau')^2}\right\}^{\frac{b^2-\rho^2}{b^2}} = k \left\{\frac{\tau^2 - (\frac{c}{2} + \tau')^2}{\tau^2 - (\frac{c}{2} - \tau')^2}\right\}^{\frac{c^2-\rho^2}{c^2}}$$

k étant la constante introduite par l'intégration.

101. *Construction de la tangente des courbes ellipsoïdales.* — Le système de coordonnées bipolaires que nous venons d'établir, permet de construire facilement la tangente d'une courbe ellipsoïdale. En effet, d'après ce que nous avons établi au n° 70, chap. III, l'on sait construire le plan tangent à l'ellipsoïde ; il suffira donc de construire le plan tangent à la surface $f(\tau, \tau') = 0$, qui, par son intersection avec l'ellipsoïde, détermine la courbe ; car, il est évident que l'intersection des deux plans tangents sera la tangente à la courbe ellipsoïdale. Cela posé, remarquons que l'équation

$$f(\tau, \tau') = 0,$$

représente une surface de révolution autour de la ligne des centres des sphères ombilicales, il suffira donc de construire la tangente à la courbe méridienne pour avoir le plan tangent de cette surface ; or, en représentant par R le rayon de ces sphères, par ds l'élément de l'arc de la ligne méridienne, et par r, r' les distances du point aux centres des deux sphères, l'on a :

$$\frac{d\tau}{ds} = \frac{r}{\tau} \cdot \frac{dr}{ds} = \frac{r}{\tau} \cos \widehat{r\,ds}, \quad \frac{d\tau'}{ds} = \frac{r'}{\tau'} \cdot \frac{dr'}{ds} = \frac{r'}{\tau'} \cos \widehat{r'\,ds};$$

d'après cela, si l'on différentie l'équation f et qu'on ait égard aux relations que nous venons d'écrire, l'on aura l'équation :

$$\frac{df}{d\tau} \cdot \frac{r}{\tau} \cos \widehat{r\,ds} + \frac{df}{d\tau'} \cdot \frac{r'}{\tau'} \cos \widehat{r'\,ds} = 0,$$

de laquelle on tire la construction suivante de la tangente.

Prenez, à partir du point M, dans la direction de la tangente à chaque sphère, des longueurs proportionnelles à $\frac{df}{d\tau}, \frac{df}{d\tau'}$, élevez à l'extrémité de ces droites des plans perpendiculaires qui déterminent des points b et b' sur les lignes qui joignent le point M aux deux centres. Le milieu de la droite bb' est sur la normale à la surface f.

Cette construction est générale et s'applique à toutes les formes de l'équation f.

Dans le cas des lignes de courbure de la série $\tau + \tau' = 2\mu$, comme $\frac{df}{d\tau}, \frac{df}{d\tau'}$ sont l'unité, il suffit de prendre à partir du point M dans la direction de la tangente à chaque sphère des longueurs égales; à leur extrémité, on élève des plans perpendiculaires à ces longueurs, et le milieu de la droite qui joint les points d'intersection de ces plans et des droites menées du point M aux centres des deux sphères, appartient à la normale à la surface.

102. *Construction du rayon de courbure des courbes ellipsoïdales.* — On sait construire le rayon de courbure de la section normale de l'ellipsoïde, il suffit donc de construire le rayon de courbure de la section normale de la surface de révolution f pour en déduire le rayon de courbure de la courbe ellipsoïdale. En effet, n° 106, ce rayon sera en grandeur et en direction la hauteur du triangle dont deux côtés sont en grandeur et en direction les rayons de courbure de l'ellipsoïde et de la surface f. Cela posé, si l'on appelle p et p' les distances d'un point de courbe aux deux sphères, l'équation deviendra :

$$f(p, p') = 0.$$

Si l'on différentie deux fois de suite cette équation et qu'on représente par $\mathcal{R}$ le rayon de courbure de la section normale à la surface f, suivant l'élément de la courbe, l'on aura :

$$\frac{1}{\mathcal{R}}\left(\frac{df}{dp}\sin\widehat{p\,ds}+\frac{df}{dp'}\sin\widehat{p'\,ds}\right)=\frac{df}{dp}\cdot\frac{\sin^2\widehat{p\,ds}}{r}$$
$$+\frac{df}{dp'}\cdot\frac{\sin^2\widehat{p'\,ds}}{r'}-\frac{d^2f}{dp^2}\cos^2\widehat{p\,ds}-\frac{d^2f}{dp'^2}\cos^2\widehat{p'\,ds};$$

or, d'après cette relation, le rayon de courbure $\mathcal{R}$ peut se construire par la règle seulement. Donc.

103. *Sur une nouvelle forme de l'équation géodésique ellipsoïdale.* Nous avons donné (Comptes rendus, année 1860) une nouvelle forme de l'équation géodésique ellipsoïdale propre à établir un caractère commun entre les courbes tracées sur l'ellipsoïde et des courbes planes correspondantes des premières.

Appelons arcs géodésiques conjugués par rapport à une ligne de courbure μ_1 les deux arcs géodésiques menés d'un point (μ, ν) tangentiellement à cette ligne de courbure, et θ l'angle de ces deux arcs, en ce point; si nous remplaçons dans l'équation de la ligne géodésique, n° 83, les coordonnées μ, ν par les coordonnées τ, τ', elle prend la forme

(23) $\qquad \tau^2 + \tau'^2 - 2\tau\tau'\cos\theta = 4\mu_1^2,$

on déduit de cette équation le théorème suivant qui en est l'interprétation géométrique.

1° Si d'un point quelconque de la surface de l'ellipsoïde, on mène deux tangentes τ, τ' aux sphères ombilicales, l'angle des deux arcs géodésiques, menés de ce point tangentiellement à la ligne de courbure μ_1 est égal à l'angle compris entre les deux côtés τ, τ' du triangle rectiligne construit sur les lignes τ, τ', $2\mu_1$; et réciproquement, si d'un point pris sur un ellipsoïde on mène deux tangentes τ et τ' aux sphères ombilicales, l'angle des deux arcs géodésiques menés de ce point tangentiellement à une ligne de courbure μ_1, est égal à l'angle du triangle rectiligne, construit sur les côtés τ, τ', 2μ, et opposé au côté $2\mu_1$.

Si l'on remarque que la relation précédente ne dépend ni de la grandeur des axes de l'ellipsoïde, ni de la position des sphères ombilicales, ni de leurs rayons, l'on déduira :

2° Si pour deux points situés sur le même ellipsoïde ou sur des ellipsoïdes différents, trois des quatre éléments τ, τ', μ, θ reprennent les mêmes valeurs lorsqu'on passe d'un point à l'autre, le quatrième élément reprendra aussi la même valeur.

104. *Usages de la nouvelle forme de l'équation géodésique pour l'étude des courbes.* — La méthode que nous allons exposer est essentiellement différente de celle qui a été donnée par M. M. Roberts, *Journal de M. Liouville*, tom. XV, page 289.

Soit une équation entre les variables τ, τ' et les paramètres a, a_1....

$$(24) \qquad f(\tau, \tau', a, a_1 \ldots) = 0 ;$$

elle représente une surface de révolution autour du grand axe 2ρ de l'ellipsoïde. Prise simultanément avec l'équation de l'ellipsoïde, elle représente une courbe ellipsoïdale, prenons dans un plan deux points fixes dont la distance soit $2m_1$, soient t, t' les rayons vecteurs menés de ces deux points à un point quelconque situé dans ce plan. Si l'on appelle ψ l'angle de ces deux rayons vecteurs, l'on aura :

$$(23)' \qquad 4m_1^2 = t^2 + t'^2 - 2tt' \cos \psi.$$

Si nous établissons entre les deux coordonnées t, t' la même relation que celle qui existe entre τ, τ', l'on aura aussi

$$(24)' \qquad f(t, t', a, a_1 \ldots) = 0.$$

La courbe représentée par l'équation (24)', et celle qui résulte de l'intersection de l'ellipsoïde et de la surface (24) ont un double caractère commun; le premier est celui qui résulte de l'identité des équations (24), (24)', le second, qui en est la conséquence, résulte de l'identité des équations (23) (23)', de sorte que toute relation qui existe entre les éléments m_1, t, t', ψ de la courbe plane (4)', existe entre les éléments analogues μ_1, τ, τ', θ de la courbe ellipsoïdale. Nous déduisons de là le théorème suivant :

3° « Si une courbe plane et une courbe ellipsoïdale jouissent de la même propriété, la première par rapport à des paramètres et à deux rayons vecteurs, menés d'un de ses points à deux foyers, la seconde par rapport aux mêmes paramètres et à deux tangentes menées d'un de ses points à deux sphères ombilicales ; toute relation exprimant une propriété de la première courbe par rapport aux rayons vecteurs, à l'angle compris entre ces rayons et à la distance focale, exprimera une propriété de la seconde courbe par rapport aux tangentes menées d'un de ses points aux sphères focales, à l'angle des deux rayons géodésiques menés de ce point tangentiellement à la ligne de courbure μ_1 et au grand axe de la surface homofocale qui détermine cette ligne de courbure. »

Si le petit axe de l'ellipsoïde se réduit à zéro, l'ellipsoïde se réduit à un plan, les lignes de courbure sont des ellipses et des hyperboles homofocales, les sphères focales se réduisent à des points, les lignes géodésiques, à deux droites tangentes à une conique, dont ces deux points sont les foyers, l'angle des deux lignes géodésiques devient l'angle de ces deux tangentes. On déduit facilement.

4° « Si deux courbes planes sont rapportées chacune à deux foyers, et que les distances focales ne soient pas les mêmes ; si ces courbes jouissent l'une et l'autre de la même propriété par rapport à leurs rayons vecteurs et aux mêmes paramètres, toute relation exprimant une propriété de la première courbe par rapport à ses rayons vecteurs, à l'angle de ces rayons et à la distance focale, exprimera la même propriété de la seconde courbe par rapport aux deux rayons vecteurs menés à un de ses points, à l'angle des deux tangentes menées de ce point à une conique homofocale et au grand axe de cette conique, ce grand axe étant égal à la distance focale de la première courbe.

105. *Application à quelques exemples.* — 1° Soit la courbe plane $t + t' = 2\mu$, μ une constante, $2\mu_1$ la distance focale; elle représente une ellipse dont le grand axe est 2μ. Soit la courbe ellipsoïdale dont les équations sont $\rho = $ const, $\tau + \tau' = 2\mu$. Elle représente une ligne de courbure déterminée sur l'ellipsoïde par l'intersection de l'hyperboloïde homofocal dont le grand axe est 2μ. Dans la courbe plane le rectangle des projections des rayons vecteurs sur la bissectrice de l'angle de ces rayons est une constante égale à $\mu^2 - \mu_1^2$. On conclut de là, d'après le théorème III du numéro précédent, que si d'un point quelconque de la ligne de courbure ellipsoïdale, on mène deux tangentes aux deux sphères ombilicales et qu'on rabatte ces tangentes en grandeur sur les directions des deux premiers éléments des deux arcs géodésiques menés de ce point tangentiellement à la ligne de courbure μ_1, et, qu'après le rabattement, on les projette sur la bissectrice de l'angle de ces arcs; le rectangle de ces projections sera constant et égal à $\mu^2 - \mu_1^2$.

Si la seconde courbe $\tau + \tau' = 2\mu$ représente une ellipse rapportée à ses rayons vecteurs τ, τ' et à la distance focale $2\mu_1$, on déduira du théorème IV du numéro précédent la propriété suivante :

Si l'on rabat les deux rayons vecteurs menés d'un point d'une ellipse dont le grand axe est 2μ sur les deux tangentes menées de ce point à l'ellipse homofocale dont le grand axe est $2\mu_1$, et qu'après le rabattement, on les projette sur la bissectrice de l'angle des deux tangentes le rectangle de ces projections sera égal à $\mu^2 - \mu_1^2$.

2° Soit la courbe plane

$$a^4 = \frac{1}{2}\mu_1^2(t^2 + t_1^2) - \frac{1}{16}(t^2 - t_1^2)^2 - \mu_1^4,$$

a est une constante, $2\mu_1$ la distance focale. Elle exprime que le triangle formé par les deux rayons vecteurs et la distance focale a une surface constante a^2; elle représente une parallèle à la distance focale.

La courbe ellipsoïdale résultant de l'intersection de l'ellipsoïde avec la surface qui aurait la même équation par rapport aux tangentes aux deux sphères ombilicales, jouira de cette même propriété que si d'un de ses points on mène deux tangentes aux deux sphères ombilicales, et qu'on les rabatte en grandeur sur les directions des premiers éléments des deux arcs géodésiques menés de ce point tangentiellement à la ligne de courbure $2\mu_1$, le triangle formé par ces deux tangentes et la ligne qui joint leurs extrémités, aura une surface constante et égale à a^2.

Cette courbe ellipsoïdale a un caractère commun avec la ligne de courbure μ_1 et qu'il importe de remarquer. Ces deux courbes se trouvent l'une et l'autre sur deux surfaces de révolution du second ordre semblables entre elles; elles expriment, l'une et l'autre, que $2\mu_1$ est la somme des tangentes menées d'un de leurs points à deux sphères qui ont même centre, mais dont les carrés des rayons diffèrent entre eux de $\dfrac{a^4}{\mu_1^2}$. C'est ce que l'on déduit immédiatement de l'équation de la surface de révolution qui détermine la courbe en question. Cette équation devient en coordonnées rectilignes

$$\mu_1^2(z^2+y^2)+\left(\mu_1^2-\frac{b^2c^2}{\rho^2}\right)x^2$$
$$-\mu_1^2\left\{\mu_1^2-\frac{b^2c^2}{\rho^2}+\frac{(\rho^2-b^2)(\rho^2-c^2)}{\rho^2}\right\}=a^4$$

or, elle ne diffère de l'équation de la surface de révolution qui contient la ligne de courbure μ_1 que par le terme a^4 qui est nul dans cette dernière équation.

Les courbes planes données par les équations $t=at'$, $t^2+t'^2=a^2$, etc., etc., feraient connaître, la première des propriétés de la bissectrice de l'angle des arcs géodésiques conjugués menés d'un des points de la ligne ellipsoïdale correspondante ; la seconde, des propriétés de l'angle lui-même.

Remarquons qu'en général la courbe plane et la courbe ellipsoïdale correspondante, sont telles qu'en un point de la première correspond un point de la seconde, pour lesquels $t = \tau$, $t' = \tau'$. Donc si l'on choisit $m_1 = \mu_1$ dans les relations (23), (23)' ; en ces points correspondants, l'angle des rayons vecteurs sera égal à l'angle des arcs géodésiques conjugués menés de ces points, et l'étude de l'angle des arcs géodésiques conjugués menés des différents points d'une ligne géodésique, sera ramenée à l'étude de l'angle des rayons vecteurs dans la courbe plane correspondante.

VIII

DES COORDONNÉES GÉODÉSIQUES.

106. *Des Coordonnées géodésiques*. — Dans ce système de coordonnées, un point quelconque pris sur la surface de l'ellipsoïde, est déterminé par les longueurs de deux fils flexibles tendus sur la surface, à partir de deux points fixes jusqu'au point que l'on considère, ou plus généralement par les longueurs de deux fils flexibles tendus sur la surface à partir de deux points fixes situés chacun sur une courbe tracée sur la surface jusqu'au point considéré, sous cette condition que chacun de ces fils s'enroule sur chacune des deux courbes, à partir de chaque point fixe.

Lemme. — Soient AA', A'A'' deux éléments successifs d'une courbe tracée sur une surface, A'B le prolongement de AA' ; projetons le second élément A'A'' sur le plan normal et sur le plan tangent à la surface suivant l'élément AA' ; soient A'a'', A'α'' ces deux projections ; les angles AA'a'', AA'α'' sont les angles de contingence, le premier, de la projection de la courbe sur le plan normal, le second, de la projection de la courbe sur le plan tangent. Si l'on appelle I l'inclinaison du plan osculateur sur le plan tangent, l'on a : BA$'a''$ = BA$'$A$''$ sin I, AA$'α''$ = BA$'$A$''$ cos I. Si l'on remarque que l'élément ds de l'arc de la courbe, ne diffère que par les infiniment petits d'ordre supérieur, des projections de cet élément sur le plan normal et sur le plan tangent, et qu'on appelle R, R$_n$, R$_t$ les rayons de courbure de la courbe et de ses projections, l'on a ;

$$\frac{1}{R_n} = \frac{\sin I}{R}, \quad \frac{1}{R_t} = \frac{\cos I}{R}.$$

Théorème I.—La courbe géodésique tracée d'un point à un autre sur une surface est le plus court chemin tracé sur cette surface de l'un à l'autre de ces deux points.

En effet, si une courbe est le plus court chemin entre deux points A et B, elle sera aussi le plus court chemin entre deux points intermédiaires M et M$'$ que je suppose infiniment voisins ; or, de tous les arcs infiniment petits tracés sur la courbe, terminés aux deux extrémités de la corde MM$'$, le plus petit est celui qui a la plus petite courbure ; mais l'élément ds est commun à toutes les courbes qui passent par M et M$'$; donc, le rayon de courbure sera maximum ; ce qui exige que le plan normal à la surface coïncide avec le plan osculateur, puisque de toutes les sections faites suivant MM$'$, la section normale, d'après le lemme précédent, est celle qui a le plus grand rayon de courbure. Donc la courbe minimum jouit de cette propriété qu'en un quelconque de ses points, le plan normal coïncide avec le plan osculateur.

Théorème II. Si deux courbes sont tracées sur une surface, la différence des arcs géodésiques n, n' infiniment voisins, compris entre ces deux courbes et coupant orthogonalement la première, est le produit de l'élément ds' de la seconde, compris entre ces deux arcs par le cosinus de l'angle qui fait la seconde courbe avec l'arc géodésique.

Le théorème est évident lorsqu'il s'agit de deux courbes tracées sur un plan.

En effet, soient les deux points M, M₁ où ces deux arcs, qui dans le cas présent sont deux lignes droites, coupent la première courbe et M', M'₁ les points où ils coupent la seconde, si l'on prend un point m sur le second arc géodésique M₁M'₁ tel que M₁m égale l'arc MM', l'on aura M'₁m qui, aux infiniment petits près d'ordre supérieur, sera la projection de M'M'₁ sur le second arc géodésique; donc

$$n' - n = ds' \cos \widehat{nds'}.$$

ce qui établit le théorème à démontrer pour le plan.

De là résulte que si des différents points d'une courbe C, tracée sur un plan, on mène orthogonalement des arcs géodésiques égaux, la courbe C', lieu des extrémités de ces arcs, les coupera orthogonalement et réciproquement. En effet, le premier membre de l'équation précédente étant nul, il faut que l'angle $\widehat{nds'}$ soit droit; de même, de ce que cet angle serait droit, il faudrait que n' fût égal à n. c.q.f.d.

Je dis maintenant que le théorème est vrai lorsque les deux courbes sont tracées sur une surface. En effet, si l'on considère une courbe infiniment voisine de la première, et coupant orthogonalement les arcs géodésiques aux points N, N₁ et qu'on projette le quadrilatère MM₁NN₁ ainsi formé sur le plan tangent, comme le plan des deux éléments infiniment voisins appartenant à l'arc géodésiques MN, est normal au plan tangent, ces deux éléments se projetteront en ligne droite; or, en négligeant les infiniment petits d'ordre supérieur, il en sera de même des projections des deux éléments consécutifs de l'arc géodésique M₁N₁, et les angles resteront droits. Donc, en vertu de ce que nous venons d'établir pour un plan, les projections des deux arcs MN, M₁N₁ seront égales, et par conséquent ces deux arcs seront égaux, et réciproquement. De là résulte que si l'on mène une série de lignes infiniment voisines et orthogonales des arcs géodésiques, elles détermineront sur ces arcs des éléments égaux deux à deux, et, en faisant la somme, les arcs géodésiques, compris entre les lignes orthogonales extrêmes, seront égaux.

On peut maintenant appliquer, mot pour mot, à une surface la démonstration faite pour le plan, et le théorème énoncé se trouvera démontré.

107. *Conséquences de ces principes.* — 1° Si la seconde courbe C' coupe les arcs géodésiques sous un angle constant θ, le rapport d'un arc s' de longueur donnée de cette courbe à l'arc géodésique, compris entre une extrémité de l'arc s' et la trajectoire orthogonale des arcs géodésiques qui passe par l'autre extrémité, est constant. En effet, si l'on considère la série des points infiniment voisins, situés sur l'arc de courbe C', et qu'on mène de ces divers points, sous l'angle donné des arcs géodésiques jusqu'à la trajectoire orthogonale passant par l'extrémité de l'arc s', l'on aura une série d'égalités analogues à la précédente et, en faisant la somme, l'on tombera sur l'équation $n_1 - n = s' \cos \theta$; ce qu'il fallait démontrer.

2° Si deux arcs géodésiques infiniment voisins, n', n sont menés entre deux courbes quelconques tracées sur une surface, l'on aura :

$$ds \cos \widehat{nds} - ds' \cos \widehat{nds'} = (n' - n).$$

Pour cela, il suffit de mener une trajectoire orthogonale de ces arcs géodésiques et d'appliquer le théorème II du numéro précédent à chacune des courbes C et C', et de prendre la somme ou la différence des résultats obtenus; on tombe ainsi sur l'égalité énoncée.

Il est aisé de voir que si les arcs géodésiques coupent les deux courbes sous le même angle, l'on aura :

$$(ds' - ds) \cos \widehat{nds} = n' - n = dn$$

et que, si les deux arcs géodésiques sont égaux, l'on aura

$$ds \cos \widehat{nds} = ds' \cos \widehat{nds'}.$$

3° Si les arcs géodésiques sont tangents à la courbe C, l'équation donnée par le principe précédent devient

$$ds - ds' \cos \widehat{nds'} = dn.$$

108. *Des lignes bissectrices des courbes coordonnées d'un système quelconque.* — Considérons un système quelconque de coordonnées curvilignes tracées sur une surface quelconque, les courbes coordonnées de la première série provenant de la variation d'un paramètre ρ, et celles de la seconde série provenant de la variation d'un paramètre ρ'; si l'on considère deux points infiniment voisins M et M' pris sur la surface et les lignes coordonnées passant par ces deux points, elles forment un quadrilatère curviligne infiniment petit, les deux côtés infiniment petits passant par le point M sont $d\sigma$, $d\sigma'$; soit ds la longueur égale à MM'; l'on a les équations suivantes :

$$\frac{d\sigma}{\sin \widehat{d\sigma' ds}} = \frac{d\sigma'}{\sin \widehat{ds d\sigma}} = \frac{ds}{\sin \widehat{d\sigma d\sigma'}},$$

$$ds = d\sigma \cos \widehat{ds d\sigma} + d\sigma' \cos \widehat{ds d\sigma'};$$

Cela posé, si l'on veut avoir la ligne tracée sur la surface, bissectant en chacun de ses points, l'angle des lignes coordonnées, l'équation différentielle de cette ligne sera :

$$d\sigma = d\sigma';$$

si l'on veut avoir l'équation différentielle de la ligne qui bissecte l'angle supplémentaire, il faudra poser :

$$d\sigma = - d\sigma'.$$

Ces lignes bissectrices varieront sur la même surface d'un système de coordonnées à l'autre, mais elles auront la propriété commune qu'elles formeront, pour chaque cas, un système de lignes orthogonales tracées sur la surface.

109. *Coniques géodésiques homofocales.* — Supposons que le système de coordonnées tracées sur la surface soit l'ensemble de deux rayons géodésiques n, n' menés de deux points fixes F, F' pris sur la surface; les équations de la bissectrice de l'angle des lignes coordonnées et de son supplémentaire seront, d'après le numéro précédent,

$$dn = dn', \qquad dn = -dn',$$

qui, par l'intégration, donneront, k et k' étant deux constantes,

$$n - n' = 2k', \qquad n + n' = 2k.$$

Elles jouissent de cette propriété, la première, que la différence de deux rayons géodésiques, la seconde, que la somme de ces rayons est constante; c'est pour cela qu'elles seront dites, la première, une hyperbole, la seconde, une ellipse, géodésiques ; elles sont homofocales, parce qu'elles ont mêmes foyers.

Soit un point M pris sur l'ellipse géodésique ; du point F avec un rayon géodésique égal à r, décrivons une trajectoire orthogonale des arcs géodésiques menés de ce point, et du point F' avec un rayon géodésique égal à r', décrivons une trajectoire orthogonale des arcs géodésiques menés du point F' ; si l'on appelle A et B les points où l'arc géodésique FM coupe la première trajectoire orthogonale et A' et B' les points où l'arc géodésique F'M coupe la seconde, en supposant que la première trajectoire contienne la seconde, l'on a :

$$MA = r - FM, \quad MB = r + FM,$$
$$MA' = F'M - r', \quad MB' = F'M + r';$$

or, suivant que l'on aura l'un des quatre cas,

$$MA = MA', \quad MA = MB', \quad MB = MA', \quad MB = MB'$$

l'on obtiendra l'une des quatre relations correspondantes:

$$r + r' = FM + F'M \ , \ r - r' = F'M + FM \ ,$$
$$r + r' = F'M - FM \ , \ r - r' = F'M - FM \ ;$$

de là on conclut, 1° que si des trajectoires orthogonales sont décrites des points F et F' comme centres avec des rayons satisfaisant à l'une des deux conditions : $r + r' = 2k$, $r - r' = \pm 2k$ l'on aura l'ellipse géodésique $2k$, qui sera le lieu des centres des trajectoires orthogonales tangentes à ces deux trajectoires.

On voit qu'il y a une infinité de couples de trajectoires orthogonales décrites des points F et F' comme centres, telles que l'ellipse géodésique $2k$ soit le lieu des centres des trajectoires orthogonales tangentes à un couple. Quand on fait varier r depuis zéro jusqu'à $2k$, r' varie depuis $2k$ jusqu'à zéro, et quand on fait varier r depuis $2k$ jusqu'à l'infini, r' varie depuis zéro jusqu'à l'infini, et il en est de même lorsqu'on fait varier r' depuis $2k$ jusqu'à l'infini.

2° Si deux trajectoires orthogonales sont décrites des points F et F' comme centres avec des rayons satisfaisant à l'une des conditions $r + r' = 2k'$, $r - r' = \pm 2k'$, le lieu des centres des trajectoires orthogonales tangentes à ces deux trajectoires est l'hyperbole $2k'$.

Il y a une infinité de couples de trajectoires orthogonales décrites des points F et F', telles que le lieu des centres des trajectoires orthogonales qui sont tangentes à un couple donne l'hyperbole $2k'$. Si r varie depuis zéro jusqu'à $2k'$, r' varie depuis $2k'$ jusqu'à zéro; si r varie depuis $2k'$ jusqu'à l'infini, r' varie depuis zéro jusqu'à l'infini, ou bien inversement si r' varie depuis $2k'$ jusqu'à l'infini, r varie depuis zéro jusqu'à l'infini.

On conclut aussi de ce que nous venons de dire, que si deux trajectoires orthogonales sont décrites des points F et F' comme centres avec des rayons donnés, il y a toujours deux coniques géodésiques qui sont les lieux des centres des trajectoires tangentes aux deux trajectoires données ; si ces deux trajectoires ne se coupent pas, ces deux coniques sont deux ellipses ou deux hyperboles; si ces deux trajectoires se coupent, ces deux coniques sont une ellipse et une hyperbole. Dans les deux cas, l'une des coniques se rapporte à deux contacts de même nom et l'autre, à des contacts de noms différents.

110. *Généralisation.* — Supposons que le système des coordonnées soit l'ensemble de deux séries de rayons géodésiques menés normalement à deux courbes directrices C et C' tracées sur la surface. Si n et n' sont deux rayons géodésiques coordonnées du point M, les équations des deux lignes bissectrices de l'angle du système, tracées sur la surface, seront comme précédemment

$$n - n' = 2k', \qquad n + n' = 2k\ ;$$

si l'on considère les courbes D et D', développées par arcs normaux géodésiques des deux courbes données C et C', l'on voit que l'une des deux bissectrices serait engendrée mécaniquement par un stylet qui, en se mouvant, tiendrait tendu et appliqué sur la surface un fil dont les deux extrémités seraient fixés sur les deux courbes D et D', sur lesquelles le fil s'envelopperait ou se développerait. Toutes les conclusions du numéro précédent auraient leurs analogues dans la question actuelle ; seulement, les trajectoires orthogonales des rayons géodésiques, tels que n et n', seraient des développantes par rayons géodésiques des courbes D et D', et les courbes $n + n' = 2k$, $n - n' = 2k$ seraient les lieux des centres des trajectoires orthogonales enveloppant un couple de deux développantes, ces diverses trajectoires coupant orthogonalement tous les rayons géodésiques menés de ces centres.

111. *Des lignes de courbure ellipsoïdale considérées comme des coniques géodésiques.* — *Théorème.* — Les lignes de courbure ellipsoïdales sont des coniques géodésiques par rapport à deux ombilics et, plus généralement, par rapport à deux arcs d'une même ligne de courbure.

Prenons pour lignes coordonnées les deux séries de lignes géodésiques que l'on peut mener des différents points de l'ellipsoïde tangentiellement à une même ligne de courbure. Les deux courbes bissectrices des angles de ce système de coordonnées sont les lignes de courbure de la série μ et de la série ν, d'après ce qui a été dit au n° 88 ; donc tous les théorèmes démontrés dans les deux numéros précédents, s'appliquent aux deux lignes de courbure μ et ν, relativement aux deux arcs géodésiques menés d'un de leurs points normalement aux deux développantes géodésiques d'une même ligne de courbure, inversement placées.

Étudions en particulier les propriétés des lignes de courbure ellipsoïdales par rapport aux arcs géodésiques menés des ombilics.

Soient les 4 ombilics F, F' ; F' F'_1 les deux premiers étant symétriques des deux autres par rapport au grand axe de l'ellipsoïde, les arcs géodésiques FF', $F_1F'_1$ sont les lignes de courbure limites de la série μ, et les arcs géodésiques FF_1, $F'F'_1$, les lignes de courbure limites de la série ν ; soient J et J_1 les milieux des arcs géodésiques FF_1, $F_1F'_1$; et I, I' les milieux des arcs FF_1, $F'F'_1$; si l'on considère un point M situé sur une ligne de courbure μ, l'on aura pour tous les points de cette ligne :

1° La somme des arcs géodésiques menés du point M aux deux ombilics F, F' symétriques par rapport à l'un des axes, égale à une constante : $F'M + FM = 2JA$.

2° La somme des arcs géodésiques menés du point M aux deux ombilics opposés F_1 F'_1 égale à une constante : $F_1M + F'_1M = 2J_1A$.

3° La différence de deux arcs géodésiques menés du point M aux deux ombilics symétriques par rapport à l'autre axe, égale à une constante, ce qui donne $F_1M - FM = 2IA$, $F_1M - F'M = 2I'A'$.

4° La somme de deux arcs géodésiques menés du point M à deux ombilics symétriques par rapport au centre de l'ellipsoïde égale à une constante, ce qui donne $FM + F'_1M = JI' + I'J_1$, et par conséquent le plus court chemin d'un ombilic à une autre symétrique par rapport au centre, a une direction quelconque.

5° L'arc géodésique mené d'un point M à l'un des deux ombilics F ou F′, est la somme ou la différence des deux demi-axes géodésiques de la ligne de courbure μ et de la ligne de courbure ν, ce qui donne : MF′ = JB + JA , MF = JA − JB.

Les mêmes propriétés ont lieu pour une ligne de courbure de la série ν.

Il résulte de ce qui précède, ce théorème dû à M. M. Roberts, et qui est l'un des plus élégants de la géométrie des surfaces du second ordre : si deux ombilics sont intérieurs ou extérieurs à une ligne de courbure, la somme des rayons géodésiques menés d'un des points de cette ligne à ces deux ombilics est constante, et si les deux ombilics sont, l'un intérieur et l'autre extérieur, la différence des rayons géodésiques est constante.

On déduit avec la même facilité de l'analyse précédente ce théorème dû à M. Chasles.

Si un fil de longueur constante est fixé par ses deux extrémités en deux points d'une ligne de courbure, le stylet qui, en se mouvant, maintient ce fil tendu et appliqué sur la surface de l'ellipsoïde et l'oblige à s'envelopper sur la courbe et à s'y développer, décrit une ligne de courbure.

Marseille.—Typ. et Lith. Barlatier-Feissat et Demonchy.